Lina

Für unsere Mutter Elsa Dunkelmann,
geb. Bernhardt

RUTH ALICE DUNKELMANN

Lina

Oder das kurze Leben eines besonderen Mädchens

Beratend unterstützt von Brigitte Wege

Bibliografische Information der Deutschen Nationalbibliothek
Die Deutsche Nationalbibliothek verzeichnet diese Publikation
in der Deutschen Nationalbibliografie; detaillierte bibliografische
Daten sind im Internet über http://dnb.d-nb.de abrufbar.

© 2019 Ruth Alice Dunkelmann
Grafik: Seita/ Strike Pattern/ Shutterstock.com
Umschlagdesign, Satz, Herstellung und Verlag:
BoD – Books on Demand, Norderstedt
ISBN 978-3-7481-0675-3

Inhalt

Vorwort

Der 85. Geburtstag von Tante Gertrud im Oktober 2010 in Schwäbisch Hall wird feierlich begangen. Zahlreiche Gratulanten treffen ein und der Besucherstrom scheint kein Ende zu nehmen.

Nach dem Mittagessen warten alle auf den Kaffee. Die Aufregung hat sich etwas gelegt und Tante Gertrud lehnt sich entspannt zurück. »Ja, ja, zehn Geschwister waren wir einmal, nun sind wir nur noch drei«, sagt sie zu ihren beiden Schwestern Hanna und Elsa. Alle Anwesenden nicken nachdenklich, dann werden sämtliche Namen und Geburtsdaten aufgezählt. Das ist gar nicht so einfach, zumal die Geschwister nicht zusammen aufgewachsen sind, sondern sich teilweise erst als Erwachsene getroffen haben.

Wieder einmal frage ich bei dieser Gelegenheit nach Lina. Aber auch heute erhalte ich nur eine kurze, ungenaue Antwort: »Die Nazis haben damals alle Behinderten umgebracht.« Auch das höre ich nicht zum ersten Mal. Ich versuche, weitere Fragen zu stellen, gebe aber schnell auf, da ich merke, dass keine der Schwestern Näheres über Linas Schicksal weiß.

»Die Liesl hättest du fragen müssen«, meint meine Mutter daraufhin. Tante Liesl war die älteste und ist schon vor Jahren gestorben.

Ich ärgere mich sehr, dass ich nicht früher nachgefragt habe. »Es ist schon traurig, dass sich nun niemand mehr an Lina erinnert«, sage ich daraufhin zu meiner Mutter. »Immerhin war sie ja deine Schwester und meine Tante.«

Der Gedanke an Lina verfolgt mich von da an hartnäckig. Schließlich mache ich mich ernsthaft auf die Suche nach ihr.

Im Internet stoße ich auf die Diakonie in Stetten, wo Lina bei einer Gedenkfeier erwähnt wird. Dort existiert tatsächlich noch ihre Krankenakte. Auch in Lichtenstern gibt es ein paar Zeilen über Lina und ihre Geschwister. Schließlich helfen mir auch alte Listen, die im Staatsarchiv Ludwigsburg lagern.

An dieser Stelle bedanke ich mich bei Herrn Reiff vom Archiv in Stetten, bei Frau Richter von der Evangelischen Stiftung Lichtenstern und bei den freundlichen Mitarbeiterinnen im Staatsarchiv Ludwigsburg. Sie haben mir sehr geholfen, endlich wurden fast alle meine Fragen beantwortet. Leider habe ich bei all diesen Recherchen kein **eindeutiges** Foto von Lina gefunden. Aber sie hat nun endlich, über 70 Jahre nach ihrem Tod, ein Gesicht und eine Stimme bekommen.

Ruth Alice Dunkelmann, im Februar 2019

Geschichte

Unter Berufung auf die Lehre von der Rassenhygiene waren Menschen mit Behinderungen und psychischen Erkrankungen während des Nationalsozialismus schon frühzeitig Diskriminierungen und Verfolgungen ausgesetzt. Ab Januar 1934 wurden sie aufgrund des »Gesetzes zur Verhütung erbkranken Nachwuchses« Zwangssterilisationen unterworfen. Ungefähr 400.000 Menschen erlitten bis Kriegsende dieses Schicksal, ca. 5.000 starben an den Folgen der Operationen.

Spätestens im Sommer 1939 war in der Umgebung Hitlers der Entschluss gefasst worden, geistig behinderte und psychisch kranke Menschen als »lebensunwertes Leben« zu vernichten.

Die von den Tätern als »Euthanasie« bezeichneten Morde wurden systematisch geplant. Im Rahmen unterschiedlicher Mordaktionen (z. B. »T4-Aktion«, »Reichsausschußkinder«, »Aktion 14f13« oder »Zweite Mordphase«) verloren zwischen Herbst 1939 und Kriegsende 1945 ca. 300.000 Menschen unter der nationalsozialistischen Gewaltherrschaft ihr Leben.

Bei der »Aktion T4« wurden in den Gaskammern von sechs Tötungsanstalten zwischen Januar 1940 und August 1941 ca. 70.000 Menschen ermordet. Als letzte von ihnen wurde die <u>Tötungsanstalt Hadamar</u> eingerichtet. In ihrer Gaskammer wurden von Januar bis August 1941 ca. 10.000 Patientinnen und Patienten getötet. Nach einer Pause von einem Jahr nahm die vormalige Landesheilanstalt Hadamar die Funktion einer Tötungsanstalt wieder auf. Als solche war sie eingebunden in die »Zweite Mordphase«, in der vor allem mit überdosierten Medikamenten und gezielter Mangelernährung gemordet wurde. Von August 1942 bis Kriegsende starben noch einmal ca. 4.500 Menschen in Hadamar.

(http://www.gedenkstaette-hadamar.de, Abrufdatum: 28.07.2012)

Bei den Eltern

Es ist Sommer im Jahre 1926. Die zweijährige Lina liegt auf dem Bett und jammert leise. Alles tut ihr weh, vor allem die rechte Körperseite schmerzt unerträglich. Hunger und Durst plagen sie auch, aber das ist nichts Neues für Lina.

»Mama«, heult sie müde und brabbelt unverständlich vor sich hin. Sprechen hat sie noch nicht gelernt, nur ein paar einfache Wörter, an die sie sich jetzt kaum mehr erinnert. Angestrengt starrt sie zur Tür.

Endlich kommt Liesl herein, die schon sieben Jahre alt ist. Lina strahlt ihre Schwester an und ruft: »Huhu.«

»Ja, ich weiß schon, dass du Hunger hast«, meint Liesl. »Hier, trink deinen Tee, den hat die Mutter extra für dich gekocht.«

Lina greift nach der Tasse und nach Liesls Hand. »Blei mi«, stammelt sie und versucht, das Mädchen mit den Augen festzuhalten.

»Ich kann nicht bleiben, ich muss wieder raus«, erklärt Liesl. »Die Nachbarin gibt mir ein Marmeladenbrot, wenn ich ihr die Wäsche aufhänge, ich bring dir dann was davon.« Und schon ist sie wieder zur Tür hinaus.

Lange Tage liegt Lina auf dem Bett in der Küche. Meistens schläft sie oder dämmert vor sich hin. Wenn sie wach ist, starrt sie zur Tür und wartet auf Liesl oder ihren Bruder Fritz. Erst abends kommt die Mutter mit dem kleinen Schwesterchen heim.

Nachts kuschelt sich Liesl zu ihr ins Bett. Lina freut

sich, denn sie ist nicht gerne alleine. Liesl erzählt ihr, was sie den ganzen Tag gemacht und gesehen hat. Einmal flüstert sie ihr ein Geheimnis ins Ohr: »Bald kriegen wir noch ein kleines Brüderle, weil das andere Brüderle doch zurück zum lieben Heiland gegangen ist.« Lina nickt stumm und ergriffen, sie findet das unglaublich spannend.

Manchmal schiebt die Mutter den Korb mit der kleinen Gertrud neben das Bett der Mädchen. Lina kann gar nicht genug bekommen von den winzigen Händchen und dem niedlichen Gesicht. Immer wieder versucht sie, das Baby zu streicheln, aber ihre Hand tut zu sehr weh und lässt sich nicht richtig bewegen.

Lina hat hohes Fieber, die Mutter bringt sie ins Diakonie-Krankenhaus in Schwäbisch Hall.

Ängstlich reißt Lina die Augen auf, es ist sehr hell um sie herum. Ein großer Raum mit weißen Wänden und die Leute sind auch ganz in Weiß gekleidet.

Ein Mann beugt sich über sie und starrt ihr ins Gesicht. Lina schreit erschrocken auf. Zum Glück ist die Mutter da, die sie im Arm hält.

»Schon gut, Lina«, sagt sie leise, »reg dich nicht auf, der Herr Doktor macht, dass dir's bald besser geht.«

Der Arzt schaut ziemlich streng: »Kinderlähmung wahrscheinlich. Das ist nicht gut, es bleibt sicher was zurück; Masern hat sie wohl schon gehabt«, murmelt er. Die Mutter nickt.

Lina ist es sehr heiß und sie kann die Augen nicht länger aufhalten. Im Fieber fantasiert sie vor sich hin, träumt von kleinen Kindern und vom Brüderchen im Himmel, das mit den Engeln spielt.

Zu Hause wird sie von lautem Geschrei geweckt. Es ist der Vater, der schreit: »So ein Saustall, das ist doch keine Wohnung mehr! Und zu essen gibt's auch nix Gescheites! Ist doch kein Wunder, dass die Kinder krank sind.«

»Wovon soll ich denn was kochen, wenn du kein Geld heimbringst? Musst ja unbedingt alles in die Wirtschaft tragen und versaufen!«, schreit die Mutter genauso laut zurück.

Lina streckt die Arme nach dem Vater aus, aber er sieht sie nicht. Heute wird er wohl nicht mit ihr am Tisch sitzen und sie füttern. Sonst macht er das öfters und Lina liebt es, auch wenn die Mutter meint, sie müsse selber essen – es geht einfach noch zu schwer mit ihrer bösen Hand.

Fritz sitzt am Küchentisch und heult leise vor sich hin. Er ist sechs Jahre alt und gerade in die Schule gekommen; viel Spaß macht ihm das nicht. Heute hat ihn der Lehrer böse verhauen, weil er immer noch kein Heft dabei hatte. Die Mutter wollte ihm keines kaufen – das sei unnötig in der ersten Klasse, hat sie gesagt.

»Ich brauch jetzt aber doch ein Heft«, jammert Fritz, als die Tür krachend ins Schloss fällt. Der Vater poltert die Treppe hinunter und knallt unten auch noch die Haustüre zu.

»Ja, abhauen – das kannst du, und ich hock da mit dem ganzen Elend!«, schreit ihm die Mutter durchs Fenster hinterher. »Und du«, sie dreht sich zu Fritz um, »du sagst

deinem Lehrer, dass wir kein Geld haben für den Unsinn. Wofür habt ihr eine Tafel! Und jetzt will ich nichts
mehr hören, hast mich verstanden?«

Fritz sagt nichts mehr – er wird schon ein Heft bekommen. Die Nachbarn schenken ihm ab und zu etwas,
wenn er sehr bettelt. Oder er wird Liesl fragen, vielleicht
gibt sie ihm ein paar Seiten aus ihrem Heft. Er weiß, dass
er sich selber helfen muss, denn mit der Mutter ist heute
nicht mehr zu reden. Das sieht er an ihrem roten Gesicht
und dem komischen Glanz in ihren Augen.

Die Mutter und der Vater

Marie Luise und Friedrich Bernhardt haben am 17. August 1918 geheiratet. Es war eine Kriegstrauung, Friedrich kam nur auf Urlaub in die Heimat. Wenige Monate später ging der Krieg zu Ende und ihr gemeinsames Leben konnte beginnen.

Marie Luise ist als Tochter einer Dienstmagd in Enslingen bei Schwäbisch Hall geboren. Ihre Mutter war ledig, was damals eine ziemliche Schande bedeutete. Luise bekam dies sicher ihre gesamte Kindheit hindurch zu spüren. Friedrich stammt aus einer kinderreichen Familie aus Flossholz, einem winzig kleinen Ort im Wald, nicht weit von Schwäbisch Hall entfernt.

Vielleicht haben sie sich auf einem Dorffest getroffen oder beim selben Bauern gearbeitet? Im Familienregister stehen nicht mehr als ein paar Daten und Namen, die wir mit unserer Vorstellungskraft nur notdürftig mit Leben füllen können.

Nach der Heirat ziehen sie nach Steinbach (heute ein Stadtteil Schwäbisch Halls). Beide haben von zu Hause nichts weiter mitbekommen als ein paar gute Ratschläge. Was sie zum Leben brauchen, müssen sie sich selbst verdienen.

Friedrich arbeitet in Fabriken und auch im Steinbruch. Die Arbeit ist sehr hart und der Lohn immer zu wenig. Sie kaufen nur den nötigsten Hausrat für eine kleine bescheidene Wohnung.

Nach Feierabend geht Friedrich oft ins Gasthaus. Ein

Bier kostet nicht die Welt und Wirtschaften sind an jeder Ecke. Dort treffen sich auch die anderen Burschen und Mädels aus dem Ort. Man kennt sich und verbringt ein paar fröhliche Stunden zusammen.

Luise kommt gelegentlich mit, aber meistens muss sie lange bei den Bauern in der Umgebung arbeiten, vor allem im Sommer. Dort gibt's dann Most zu trinken und immer zu wenig zu essen. »Ein guter Most isch scho auch was wert, weil Wasser trinkt das liebe Vieh«, sagen lachend die anderen Knechte und Mägde.

Auch wenn der Most stark verdünnt ist, merkt Luise die Wirkung des Alkohols schnell, zumal sie kaum etwas im Magen hat. Eigentlich findet sie das gar nicht mal so unangenehm. Die Stumpfsinnigkeit des Alltags und die niemals endende Arbeit sind dann eher auszuhalten. Alles wird etwas leichter und erträglicher. Die vielen kleinen und größeren Sorgen rücken in den Hintergrund und das Lachen fällt leichter.

1919 bis 1926

Schon bald kündigt sich das erste Kindchen an. Dass es »ehelich« geboren wird, ist sehr wichtig für Luise, denn sie hat die Hänseleien noch nicht vergessen. Ihre Kinder werden diese »Schande« nicht ertragen müssen, wenigstens dafür hat sie gesorgt. Das Geld ist zwar knapp, doch die Kinder werden immer einen Vater haben.

Wenn Friedrich nur nicht so leichtsinnig mit dem Geld umgehen würde. Immer wieder verliert er seine Arbeitsstelle, er ist einfach nicht beständig genug. Dauernd hat er etwas an seinen Arbeitgebern oder Vorarbeitern auszusetzen. Luise weiß selbst, dass die Bauern oft »Saubauern« sind, aber was kann man schon tun? Es gibt so viele, die eine Arbeit suchen, gerade jetzt nach dem Krieg. Dann muss man halt ein paarmal schlucken und weitermachen. Luise ist das gewohnt. Der Friedrich ist da aber anders, der schluckt nicht einfach alles runter.

Das erste Kind ist ein Mädchen. Luise soll es heißen, wie die Mutter, aber es wird von allen nur »Liesl« gerufen. Die Eltern freuen sich sehr und der Vater meint: »Gut so, das Zweite wird dann ein Bub, auf den kann die Liesl gleich aufpassen.«

Und er soll recht behalten. Kaum ist Liesl ein Jahr alt, kann der Vater seinen Namen an den ersten Sohn weitergeben. Er wird der Einfachheit halber »Fritz« gerufen.

Die kleine Familie könnte nun eigentlich zufrieden und glücklich sein, denn zwei gesunde Kinder sind ein Segen. Aber sie machen auch eine Menge Arbeit. Luise kann kaum noch beim Bauern arbeiten, denn beide Kinder kann sie schlecht mitnehmen.

Das Geld ist knapp, Friedrich hat mal wieder keine Arbeit. Wenn er sich überhaupt zu Hause blicken lässt, schimpft er meistens, dass die Kinder nicht ordentlich versorgt seien. Auch der Haushalt ist ihm nie sauber genug. Aber Luise fällt alles noch schwerer als sonst. Traurig streicht sie über ihren dicken Bauch.

Liesl ist gerade vier Jahre alt geworden und Fritz noch keine drei, da kommt noch ein Bub zur Welt: Karl. Mit ihm hat Luise nicht nur eine schwere Geburt gehabt, die Hebamme hat gleich gesagt: »Au au, der wird nix Rechtes.« Karlchen ist sehr schwach und will nicht richtig essen und wachsen.

Auch mit zwei Jahren hat er sich noch nicht gut entwickelt. Aber die Mutter kann nun noch weniger nach ihm schauen, denn inzwischen ist Karoline, genannt »Lina«, dazugekommen. Für Luise ist es fast unmöglich, sich um alle zu kümmern. Weil sie zu Hause bleiben muss, holt sie sich Heimarbeit: Säckestopfen. Eine langweilige Tätigkeit, für die sie wenigstens ein paar Pfennige bekommt. Das ist nur ein Tropfen auf den heißen Stein.

Dann werden die beiden kleinen Kinder auch noch krank: Masern. Eine Katastrophe. Schnell bringt die Mutter Liesl und Fritz bei Nachbarn unter.

Den Kleinen geht es gar nicht gut, vor allem Karl wird immer schwächer. Sogar den Doktor müssen sie holen, das hat die Hebamme verlangt. Sie könne nichts mehr tun, hat sie gesagt.

Aber es ist zu spät. Karl schafft es nicht, er stirbt mit zweieinhalb Jahren. »Er ist zurück zum lieben Heiland gegangen«, erklärt die Mutter den Geschwistern. »Vielleicht war das gar nicht so dumm von ihm.«

1927

Endlich darf Lina wieder aufstehen und es geht ihr auch etwas besser. Die Lähmungen in der rechten Hand und im rechten Bein sind geblieben, aber Lina ist dennoch fröhlich. Sie weiß gar nicht mehr, dass es auch anders sein könnte.

Sie sitzt mit Liesl und der kleinen Gertrud auf der Treppe vor dem Haus. Zufrieden wackelt sie mit dem Kopf und singt: »Komm ei Vogel gefloge …« »Tu doch nicht so dumm«, schimpft Liesl, »du bist doch kein Depp!« Lina umarmt die kleine Gertrud und singt ihr leise weiter ins Ohr. Die freut sich und patscht ihr ausgelassen ins Gesicht.

»Pssst«, macht Liesl, »hört ihr schon das Brüderle schreien?« Angestrengt lauschen die Kinder, auch Fritz hat sich nun auf die Stufen gesetzt. Es ist der 12. Dezember und nicht sehr gemütlich draußen, aber die Hebamme hat alle rausgeschickt. »Hat's Christkindl das Brüderle bracht?«, fragt Lina plötzlich. Die Kinder schauen sich fragend an. »Das wäre aber ein blödes Geschenk«, sagt Fritz schließlich.

Tatsächlich kommt an diesem Tag der kleine Bruder Emil zur Welt. Dadurch wird es für die Familie nicht leichter – im Gegenteil. Im Frühjahr geht die Mutter wieder zur Arbeit bei den Bauern, den kleinen Emil nimmt sie mit. Die anderen Kinder werden zu Hause in der Küche eingesperrt. Es geht nicht anders.

Das Ofentürchen zwirbelt die Mutter mit Draht zu,

damit sie es nicht aufmachen können. Außerdem hämmert sie den Kindern ein, nur ja nicht an das Dachfenster zu gehen und es bloß nie aufzumachen. Um ihnen Angst einzujagen, erzählt sie von einem Mann mit langem Haken, der Kinder aus dem Dachfenster zieht. Ängstlich schauen die Geschwister immer wieder zum Dachfenster hoch, ob sie vielleicht den »Haken-Karle« sehen können.

Oft gehen Liesl und Fritz einfach nicht zur Schule, was die Mutter nicht so schlimm findet. Besser, sie passen zu Hause auf die kleinen Geschwister auf – vor allem auf Lina, die nach ihrer Krankheit nicht mehr ganz »echt« ist, wie Luise manchmal sagt. Das hat gerade noch gefehlt.

Die Kinder sind den ganzen Tag in der Küche eingesperrt und wie immer hungrig. Als sie die Zuckerbüchse entdecken, stecken sie gierig ihre Finger hinein und schlecken sie fast leer. Die Mutter schimpft sehr, als sie es bemerkt, und verbietet es ihnen natürlich.

Zuerst halten sie sich daran. Aber als der Hunger mal wieder zu groß ist, angelt Fritz doch nach der Büchse und verzieht sofort das Gesicht. »Bäääh! Igitt!«, schreit er erschrocken und schiebt die Blechdose wieder zurück. Die Mutter hat sie mit Salz gefüllt und den Zucker woanders versteckt. Damit ist ihnen die Lust am Zuckerschlecken vergangen.

Ab und zu sind die Kinder ziemlich lange eingesperrt. Sie verhalten sich dann nicht mehr so ruhig, was wiederum den Nachbarn nicht verborgen bleibt. Viele Familien sind in ähnlicher Lage und haben eigentlich mit ihrem eigenen häuslichen Elend genug zu tun. Aber es bleibt nicht aus, dass man sich über die Familie Bernhardt »unterhält« – zu viel ist da »nicht in Ordnung«. Fritz bettelt immer wieder bei den Nachbarn um Brot: »Für's Schwesterle«, sagt er, »die war doch so arg krank.«

Das Schuleschwänzen wird nicht mehr länger hingenommen. Die Lehrer von Liesl und Fritz wenden sich an die Schulbehörde und lassen dort auch das verwahrloste Äußere der Kinder nicht unerwähnt. Von fehlenden Hausarbeiten und unzureichenden Schulsachen ist sowieso schon lange die Rede.

Wieder sitzen die Kinder müde und hungrig in der Küche. Der Heimweg der Mutter führt an vielen Wirtschaften vorbei. Eigentlich geht sie nur hinein, um nach Friedrich zu suchen. Aber dann trinkt sie doch ein Glas und manchmal auch eins zu viel.

Die Nachbarn sehen sie endlich heimkommen und stecken die Köpfe zusammen. Drinnen warten hungrige Kinder, schmutzige Kleider, ein Berg ungewaschenes Geschirr und das Essen reicht hinten und vorne nicht. Immer ist alles dreckig, die Kleidchen sind so zerrissen, dass Luise nicht mehr weiß, wo sie mit Flicken anfangen soll. Der Haushalt wächst ihr über den Kopf.

Zu allem Elend ist Friedrich auch noch beim »Stehlen« erwischt worden. Eigentlich hat er ja nur genommen, was ihm zusteht, meint er. Weil der Bauer ihn nicht anständig bezahlt hat für seine Schufterei, hat Friedrich einen Sack Kartoffeln mitgenommen – zu Hause waren sie alle froh darüber. Aber der garstige Bauer hat ihn nun mal angezeigt.

Der Ortsbüttel war schon ein paarmal da, Friedrich hat sich immer schnell davongemacht und gar nicht erst mit ihm geredet. Heute ist er wieder gekommen und schaut sich kopfschüttelnd in der Wohnung um. »Wenn das nicht bald besser aussieht hier, muss ich a noch das Jugendamt verständigen«, sagt er. »Ja, und was helfen denn die vom Jugendamt? Von dort kommt doch keine müde Mark!«, mault Luise ihn an.

Als er gegangen ist, versucht sie, zwischen den schlafenden Kindern ein bisschen aufzuräumen. Ein paar Kleidungsstücke hängt sie auf die Leine, die quer durch die Küche gespannt ist. Das schmutzige Geschirr wird sie morgen abwaschen, denn ihr ist plötzlich gar nicht mehr gut. Sie geht noch einmal kurz über die Straße, um sich in der Wirtschaft einen Schnaps zu holen.

Frühjahr 1929

Luise hält sich den schmerzenden Rücken und richtet sich auf. »Puh, stöhnt sie, dieses Rübenhacken ist wirklich eine der schlimmsten Arbeiten. Immer des Bücken ums Unkraut, da meint man grad, das Kreuz bricht einem durch.«

»Da hast du wirklich recht. Und dann auch noch in deinem Zustand«, nickt Martha, die neben ihr arbeitet und gelegentlich in Luises Reihen mithackt. »Das wievielte Kindle ist denn das nun?«, fragt sie.

»Das sechste«, sagt Luise nachdenklich. »Ach nein, schon's siebte«, verbessert sie sich gleich, »der Karl ist ja gestorben.«

»Au, au, das wär' aber a langsam genug«, meint Martha grob. »Sonst geht's dir noch wie mir und die holen dir deine Kinder fort.« Wütend hackt Martha weiter auf das Unkraut ein, ab und zu bückt sie sich, um ein paar Büschel mit der Hand auszureißen.

»Ja, bei euch fehlt halt der Vater, da kann das schon vorkommen«, sagt Luise nachdenklich. »Hätten die dir lieber ein paar Mark gezahlt für anständige Kleider und einen Sack Kartoffeln, dann wären deine Kinder noch daheim, wo sie hingehören. – Aber bei uns geht's jetzt bald aufwärts«, erzählt sie munter weiter, »der Friedrich hat eine gute Anstellung in der Fabrik in Aussicht.«

Martha nickt nur und sieht sie zweifelnd an.

Am Abend wartet Luise lange auf Friedrich. Er hätte heute noch mal in der Fabrik nachfragen sollen. Es wäre doch so wichtig, dass er endlich Arbeit findet. Vor allem jetzt, wo ihnen schon die Fürsorge und das Jugendamt im Nacken sitzen.

Erst gestern hat Liesl gesagt: »Da war eine nette Dame hier, die hat uns süße Wecken und Milch mitgebracht und gefragt, wie's in der Schule geht.« »Was sagst du da?«, hat Luise sie angefahren. »Wie oft hab ich euch gesagt, ihr sollt die Tür nicht aufmachen?« »Aber die hat gesagt, wenn wir nicht aufmachen, holt sie die Polizei«, verteidigt sich Liesl. »Außerdem hat der Emil so geschrien, da hab ich Angst bekommen. Sie war dann aber ganz nett zu uns.«

Luise war sehr erschrocken und ahnt nichts Gutes.

Friedrich kommt und kommt nicht heim. Selber kann sie nicht losgehen, um ihn zu suchen, die Füße und der Rücken machen nicht mehr mit. Vorsichtig weckt sie den Bub noch mal auf. Fritz brummt unwillig und mault leise vor sich hin, aber schließlich macht er sich auf den Weg.

Er kennt schon alle Wirtschaften in der Nähe. Zum Glück findet er den Vater gleich in der ersten. »Ja, Fritzle, was machst du denn um diese Zeit noch auf der Gasse?«, fragt Friedrich fröhlich, als er den Bub sieht. »Du sollst endlich heimkommen, sagt die Mutter«, brummt Fritz müde. Der Vater trinkt sein Bier aus und sie gehen gleich los.

Auf dem Heimweg steckt Friedrich ihm ein paar Bonbons zu und erzählt: »Das mit der Fabrikarbeit wird nichts, die stellen nur gelernte und bessere Leute ein.

Die Chefs dort sind alles Verbrecher und Halsabschneider. Da hat doch so einer wie ich gar keine Chance!«, schimpft er. »Wenigstes hab ich mir einen Satz Schraubenschlüssel mitgenommen, die brauchen dort nicht so viele, wenn sie doch keine Leute einstellen. Aber sag bloß nix zur Mutter!«

Tapfer versucht Lina, mit den Geschwistern und Nachbarskindern mitzurennen, aber sie bleibt bald weit zurück. Das Bein will einfach nicht so, wie sie es gerne hätte. »Wart mi!«, schreit sie den anderen hinterher, aber die haben keine Lust, immer auf Lina zu warten. Außerdem kann sie eh nicht richtig mitspielen.

Traurig humpelt Lina wieder nach Hause. Da sieht sie, wie zwei junge Katzen auf der Straße miteinander spielen. Sie versuchen sich gegenseitig den Schwanz zu fangen und rennen tapsig im Kreis herum. Da muss Lina schon wieder lachen, vor Freude flattert sie mit ihren Ärmchen in der Luft herum.

Sie ist nie lange traurig und lässt sich von jeder Kleinigkeit ablenken. Aber es fällt ihr auch schwer, länger bei einer Sache zu bleiben oder sich etwas zu merken. Kaum hat die Mutter ihr etwas aufgetragen, hat Lina es auch schon vergessen.

Als Lina sich dem Haus nähert, hört sie lautes Geschrei. Sie kann nicht verstehen, worum es geht, aber die Eltern scheinen sich sehr aufzuregen. Erschrocken bleibt sie auf der Treppe stehen und wackelt nervös mit dem Kopf (das macht sie immer, wenn sie aufgeregt ist oder etwas nicht versteht).

Plötzlich springt die Haustür auf und ein Mann in Uniform und Mütze kommt heraus. Mit schnellen, energischen Schritten stapft er die Stufen hinunter. Fast hätte er Lina umgerannt, die sich ängstlich an die Hauswand drückt. Da bemerkt er sie und mustert sie von oben bis unten: »Gehörst du auch zu den Verbrechern da drinnen?«, fährt er das Mädchen an. Lina wackelt weiter mit dem Kopf und starrt den Mann mit großen Augen an. Sie ist zu erschrocken, um zu antworten. »Kannst nicht mal sprechen«, fragt er weiter, »bist etwa ein Depp?« Er macht eine wegwerfende Handbewegung und eilt weiter.

In der Küche sitzt die Mutter am Tisch und weint. Lina drückt sich an sie und streichelt ihr übers Haar. »Ach Lina, das sind keine guten Zeiten für so arme Leute wie uns«, jammert die Mutter.

Vielen geht es so wie der Familie Bernhardt. Die Folgen des Krieges sind in Schwäbisch Hall immer noch zu spüren und die Not ist überall präsent. Kriegsversehrte, unterernährte Kinder und auch Erwachsene prägen das Stadtbild. Arbeitslosigkeit, Hunger, soziales Elend führen zu einer Kriminalisierung des Alltags, es wird ums nackte Übererleben gekämpft. Diebstähle von Lebensmitteln, ja sogar Plünderungen von Geschäften sind keine Ausnahme. Die Menschen sind verzweifelt und wissen sich nicht anders zu helfen.

1. Oktober 1929

Aufgeregt schubsen sich die Geschwister gegenseitig vom Fenster weg, um besser sehen zu können. »Das ist ein Ford«, schreit Fritz, »ein Krankentransporter!«

Liesl wird ganz blass und sagt leise: »So, jetzt ist's so weit, jetzt holen sie uns!«

Lina klammert sich an ihren rechten Arm. Mit der linken Hand versucht Liesl, Gertrud festzuhalten, die ganz fürchterlich zu heulen anfängt. Die Kleine ist gar nicht zu beruhigen, sie scheint die Angst der anderen zu spüren.

Von »Wegholen« ist in letzter Zeit öfters die Rede gewesen. Lina hat die Eltern darüber sprechen gehört und es Liesl erzählt. Die meinte, dass so was auch in den Briefen stehen würde, die sie heimlich gelesen hat.

Schon nähern sich Schritte der Wohnung. Liesl macht die Türe auf und bleibt mit hängenden Armen und einem ergebenen Gesichtsausdruck stehen. Der Mann, der Lina auf der Treppe begegnet ist, kommt herein und hinter ihm die Frau, die ihnen schon einmal etwas zu essen mitgebracht hat.

»Kommt, Kinder«, sagt sie freundlich, »wir fahren jetzt mit dem schönen Auto und ihr bekommt auch Kuchen.«

Prompt hört Gertrud auf zu heulen.

Die Kinder sind völlig fassungslos, aber auch ganz stumm vor Angst. Keines von ihnen hat davor schon mal in einem Automobil gesessen. Fritz hat nur immer von Autos erzählt, er weiß viel darüber und interessiert sich brennend dafür. Jetzt drückt er seine Stirn an die Scheibe und hat vor lauter Aufregung einen Schluckauf.

Während der Fahrt gibt die Frau ihnen Kuchen und sogar Limonade. Sie redet die ganze Zeit auf die Geschwister ein, erzählt von einem schönen großen Garten, in dem sie spielen dürfen, und von vielen anderen Kindern, die schon auf sie warten.

Irgendwann traut sich Liesl, leise zu fragen: »Wohin fahren wir denn?«

»Ja, nach Lichtenstern, ins Kinderheim natürlich«, ist die Antwort.

Davon hat Liesl schon gehört; auch die Kinder von Martha, Mutters Freundin, sind dort. Aber die haben ja keinen Vater mehr, der ist im Krieg gefallen. Martha hat öfters erzählt, dass ihre Tochter Klara immer Heimweh hätte.

»Ja, aber was ist mit dem Vater und der Mutter?«, fragt Liesl.

»Die haben doch jetzt wieder ein kleines Kindchen, da können sie sich nicht mehr um euch kümmern. Aber sie besuchen euch bald«, erklärt ihnen die Frau.

»Friedele«, sagt Lina leise und Liesl nickt.

Erst vor ein paar Tagen ist das neue Schwesterchen geboren worden. Deshalb war die Mutter heute noch mal mit ihr im Krankenhaus zur Untersuchung und hat auch gleich den Emil mitgenommen. Die Mutter war sehr müde in der letzten Zeit und konnte nicht aufstehen.

Sie fahren schon eine ganze Weile, öfters durch einen Wald, an Wiesen und Feldern vorbei. Selten begegnet ihnen ein anderes Auto. Dann geht es einige steile Kurven hinunter und wieder durch den Wald. Fritz wird es langsam schlecht, er ist schon ganz blass geworden. »Gleich sind wir da«, sagt der Fahrer.

Von Weitem sehen sie ein paar Häuser und eine Mauer, die auf einer Anhöhe liegen und ringsum von Gärten und Feldern umgeben sind. »Das ist Lichtenstern, da wird es euch gut gehen«, sagt die Dame.

Das Auto fährt durch den Torbogen und bleibt vor einem großen Fachwerkhaus stehen. Dort wartet schon eine ältere Frau mit einer Schürze und einem Kopftuch. »Sind sie das?«, sagt sie nur.

Die Kinder wissen gar nicht recht, wie ihnen geschieht. Schon sind sie in einem großen Badezimmer und die Frau mit der Schürze und eine jüngere blonde Frau machen sich an ihnen zu schaffen. Sie ziehen ihnen die Kleider aus und bürsten ihre Haare.

Da bemerkt Liesl, dass Fritz nicht mehr da ist. »Wo ist mein Bruder?«, fragt sie die blonde Frau, die ihr freundlicher scheint als die andere.

»Ja, bei den Buben natürlich«, schnauzt die Ältere sie an, »was denkst du denn? Bei uns herrscht Zucht und Ordnung, und jetzt runter mit den verlausten Kleidern und ab in den Zuber!«

Liesl steigt ohne Murren in den Badezuber, aber Lina wehrt sich und schreit. Sie flattert mit den Ärmchen und wackelt mit dem Kopf.

»Was ist denn mit der los?«, fragt die ältere Frau. »Ist die nicht ganz richtig im Kopf?«

»Sie hat nur Angst und ist aufgeregt«, sagt Liesl und springt wieder aus dem Zuber. Sie nimmt Lina in den Arm und versucht, sie zu beruhigen. »Außerdem war sie sehr krank«, setzt sie zornig hinzu.

Die blonde Frau steckt schließlich alle drei Mädchen in einen Badezuber und kämmt ihnen die Haare aus. Das tut weh, und die Kinder jammern. »Alles voll mit Läusen«, sagt sie und schüttelt sich.

Ihrem Bruder Fritz geht es auch nicht besser. Er wird von einem strengen Herrn im Anzug in ein anderes Haus gebracht. Dort wird ihm einfach der Kopf kahl geschoren und er wird auch in einen Badezuber gesteckt. Ihm ist sehr komisch zumute ohne seine Schwestern, aber er beißt sich tapfer auf die Lippen und heult nicht.

Beim Abendessen sieht er sie wieder, fast hätte er sie nicht erkannt. Die Mädchen haben fest geflochtene Zöpfe und fremde, saubere Kleider an. Schnell will er zu ihnen hinüberlaufen, aber da hat ihn schon der Herr Lehrer am Kragen gepackt: »Nix da. Du sitzt bei mir und den Buben am Tisch! Oder bist du ein Mädchen und eine Heulsuse, hä?« Die anderen Jungen lachen gehässig.

Im Speisesaal sitzen viele kleine und auch größere Kinder. Alle starren die »Neuen« neugierig an. Der Hunger ist trotz der Aufregung groß und die Geschwister langen beim Essen tüchtig zu.

Als die Mädchen den Schlafsaal mit den vielen Betten sehen, kommen sie aus dem Staunen gar nicht mehr heraus. »30 Betten sind das!«, sagt Liesl, die sie schnell gezählt hat. Dicht nebeneinander stehen die Bettchen, weitere Einrichtungsgegenstände gibt es nicht, dafür ist einfach kein Platz mehr.

Wie gewohnt klettern die drei Schwestern zusammen in ein Bett. Aber die strenge Tante Sofie, die sie beim Essen bereits kennengelernt haben, lässt dies nicht zu: »Ja, was soll das denn! Bei uns schläft jeder in seinem eigenen Bett, gell?« Die Mädchen hören natürlich auf sie. Doch kaum hat Tante Sofie das Licht ausgemacht, schlüpft Lina blitzschnell zur kleinen Schwester ins Bett. Gertrud ist schon wieder am Heulen. Müde und verwirrt klammert sie sich an Lina. »Pssst, Gertrudle«, flüstert Lina leise.

Bei Fritz im »Bubenhaus« sieht die Wohnsituation ähnlich aus. Auch dort gibt es einen großen Schlafsaal, der gut belegt ist. Aber er ist ganz alleine, und die anderen Buben sind gemein zu ihm, weil sie immer gemein zu den »Neuen« sind. Das ist halt so.

Traurig denkt er an zu Hause und fragt sich, was die Eltern jetzt wohl machen. Vielleicht hat die Mutter mit den beiden Kleinen im Krankenhaus bleiben müssen? Oder sie sitzt zu Hause und weint. Der Vater ist dann sicher in die Wirtschaft gegangen, weil er das nicht aushalten kann. Was werden sie jetzt machen ohne die großen Kinder? Und seine Freunde, der Karl und der Schorsch? Die werden morgen vergeblich auf ihn warten. Er hat sich nicht mal von ihnen verabschieden können. Hoffentlich hat Liesl recht und die Eltern holen sie bald wieder ab. Er will nicht hierbleiben. Müde und verzweifelt weint sich Fritz lautlos in den Schlaf.

Lichtenstern, Oktober 1929 bis Juni 1931

Am nächsten Morgen sieht die Welt schon etwas freundlicher aus. Es ist ein schöner klarer Herbsttag und der Wald rund um Lichtenstern leuchtet in allen Farben. Die Geschwister gehen spazieren und besichtigen das Gelände.

»So eine schöne, große Kirche – nur für die Kinder«, staunt Liesl. Später wird sie die Geschichte von Lichtenstern kennenlernen und erfahren, dass sie sich in einem ehemaligen Kloster befindet.

»Das Kloster Lichtenstern wurde 1242 von der Gräfin Luitgard aus Weinsberg gegründet. Zur Klosteranlage, die bis zum Ende des 13. Jh. entstand, gehörten neben der heute noch erhaltenen Klosterkirche (1280) der Kreuzgang mit einem schönen Maßwerk und Rippengewölbe, das Konventgebäude, Wohngebäude für etwa 25 Nonnen und Nebengebäude. Das Kloster erlebte im 15. Jh. seine Blütezeit.

Nach 300-jährigem Bestand wurde das Kloster in der Reformationszeit 1554 von Herzog Christoph aufgelöst. Er richtete ein Klosteroberamt ein, welches die Liegenschaften und Pfründe des ehemaligen Klosters verwaltete. In dieser Zeit wurde die Oberamtei (als Anbau der Kirche) und das Bandhaus (1586) gebaut, die heute mit der Kirche, dem Forsthaus und Binderhaus das mittelalterliche Ensemble Lichtensterns bilden.

1836 gründeten Bürger aus Löwenstein (Brüder

Schmidgall) zusammen mit dem Arzt Justinus Kerner und dem Pfarrer Hegler einen Verein und eine Stiftung, um eine ›Kinderrettungsanstalt‹ in dem ehemaligen Zisterzienserinnenkloster Lichtenstern zu eröffnen. Den Anstoß dazu gab Carl August Zeller, der die pädagogische Arbeit im Sinne von Pestalozzi gestaltete. Kindern und Jugendlichen eine Perspektive zu geben, war bis nach dem 2. Weltkrieg Ziel der Einrichtung. Bis in die 60er-Jahre war Lichtenstern ein Erziehungsheim, bevor es 1963 zu einer Einrichtung der Behindertenhilfe wurde.«

(http://www.lichtenstern.de, Abrufdatum: 10.07.2012)

»Aber da sind ja auch die Klara und der Werner!« Aufgeregt winkt Liesl den beiden. Die kennen sie schon lange, denn es sind die Kinder von Mutters Freundin Martha. Die Wiedersehensfreude ist groß, vor allem, als Klara noch den Vetter August herbeiholt. Fritz überschlägt sich fast vor Begeisterung: »Das ist ja ein Ding, dass du auch da bist, August!« Endlich hat er wieder einen Freund.

Gemeinsam gehen die Kinder an diesem Tag auf Entdeckungsreise: Zuerst spazieren sie durch den schönen Klostergarten, der direkt neben dem Bubenhaus liegt, dann weiter über die Anhöhe. Fröhlich erkunden sie ihre neue Heimat.

Lina und Gertrud hängen anfangs stark an Liesls Rockzipfel. Immer wieder fragt Lina nach Mutter und Vater, nach dem Brüderchen Emil und der ganz kleinen Schwester. Liesl verliert so langsam die Geduld mit ihr. Zwar sind sie erst ein paar Tage in Lichtenstern, aber sie hat Lina nun schon so oft alles erzählt.

»Du weißt das doch«, meint sie genervt, »wir müssen jetzt halt eine Weile hierbleiben. Die Eltern kommen dann schon und holen uns ab. Wir haben ja schließlich noch welche, nicht wie die meisten hier, die keine haben, oder nur Mutter oder Vater. Du musst schön brav sein und darfst nicht immer zappeln oder mit dem Kopf wackeln, das mögen die hier nämlich gar nicht«, erklärt sie ernst.

Lina nickt und versucht, brav zu sein. Aber alles ist so neu und aufregend, da fällt es ihr schwer, sich ruhig zu verhalten.

Liesl hat mit den beiden kleinen Schwestern alle Hände voll zu tun, sie hängen an ihr wie die Kletten. Wenn sie aus der Schule kommt, warten Gertrud und Lina schon sehnsüchtig auf sie. Meistens sitzen sie auf dem Mäuerchen vor dem Mädchenhaus und schaukeln mit den Beinchen.

Auch beim Essen muss Liesl beiden helfen, denn die »Tanten« haben genug mit den anderen kleinen Kindern zu tun. Zuerst wollten die Betreuerinnen nicht einsehen, dass Lina nicht alleine essen kann, immerhin ist sie bald sechs Jahre alt. Aber schnell haben sie verstanden, dass da etwas nicht stimmt. Liesl darf ihr nun doch dabei helfen.

Die Geschwister bekommen endlich genug zu essen und haben nicht mehr ständig Hunger. Ihnen schmeckt so ziemlich alles, sie sind eigentlich nicht wählerisch. Es sei denn, es gibt »Hutzel mit Brei« (weich gekochte Trockenfrüchte und Grießbrei). Liesl wird schon beim Anblick der komischen schleimigen Hutzelmasse schlecht. Der Grießbrei ist ja noch in Ordnung und wird auch schnell gegessen. Den Rest lässt Liesl einfach auf dem Teller liegen und hofft, dass es niemand merkt. Leider hat sie die Rechnung ohne die strenge Tante Sofie gemacht.

»So geht das aber nicht!«, sagt diese ernst. »Die Teller werden immer ganz leer gegessen, vorher darf niemand raus zum Spielen. Also schau zu, dass du fertig wirst, Liesl.«

Böse Blicke werfen die anderen Mädchen ihr zu, und Jule, die in der Nähe sitzt, zischt: »Schluck's runter, wir wollen Fangen spielen.«

Liesl steckt tapfer einen Löffel in den Mund und schluckt, ohne zu kauen, »Uahhh …« Fast hätte sie die zähe, matschige Masse wieder ausgespuckt, sie ekelt sich sehr und ihr ist zum Heulen zumute. Aber plötzlich fällt ihr etwas ein: Wozu hat sie zwei kleine Schwestern neben sich sitzen! Und zack-zack, kaum schaut Tante Sofie einmal nicht hin, steckt sie jeder einen großen Löffel Hutzelmatsch in den Mund. Die beiden rümpfen zwar empört ihre Näschen, schlucken aber brav alles runter.

»So ist's recht, Liesl.« Tante Sofie nickt zufrieden, als der Teller endlich leer ist. Fröhlich hüpfen und springen alle raus in den Garten.

»Du bist ja eine ganz Schlaue«, sagt Jule. Sie grinst Liesl an und hakt sich bei ihr unter.

Die Tage in Lichtenstern verlaufen in sehr geordneten, strukturierten Bahnen. Gerade das sind die Bernhardt-Kinder nun gar nicht gewohnt. Zu Hause gab es keine Strukturen und kaum eine Ordnung oder Regeln. Es fällt ihnen nicht leicht, sich in den durchorganisierten Alltag einzuordnen. Vor allem Fritz hat damit seine liebe Not, immer wieder kommt er zu spät oder bringt die Tagesabläufe durcheinander. Außerdem findet er jetzt, da er endlich ein paar Freunde hat, die Zeit zum Spielen und Toben immer viel zu kurz.

In den ersten Tagen sind die Geschwister gründlich untersucht worden. Alle hatten Läuse und auch Wanzenbisse. Außerdem waren sie ziemlich vernachlässigt, schmutzig und unterernährt, aber das war schließlich eher normal. Ansonsten sind Liesl, Gertrud und Fritz aber gesund. Liesl ist zwar etwas klein und schwach für ihr Alter, aber ernste gesundheitliche Schäden hat sie nicht davongetragen. Da sieht es bei Lina ganz anders aus – »normal« ist das auf keinen Fall.

Bericht aus Lichtenstern (1929) über Lina:

Geistig sehr schwach, rechtseitige, vom Gehirn ausgehende Lähmung
Prognose: wenig hoffnungsvoll
Liebesbedürftig, anschmiegsam, freundlich, durch und durch nervös, hastig, unruhig, großes Geltungsbedürfnis. Psyche sehr gering. Kann noch nicht deutlich sprechen, hat Mühe, sich mit eigenen sonderbaren Wortbildungen auszudrücken. Gesundes, blühendes Aussehen.

Über die Gründe der Unterbringung der Geschwister ist Folgendes zu lesen:

Traurige Familienverhältnisse, Vater des Öfteren betrunken, wenig daheim, wegen Diebstahls im Rückfall vorbestraft. Mutter auch sehr dem Trunk ergeben, übt einen schändlichen Einfluss auf die Kinder aus.

Der Herr Inspektor (Leiter) der Lichtensterner Einrichtung wiegt bedenklich den Kopf: »Die Lina muss noch einmal ganz genau untersucht werden, wenn sie sich etwas eingelebt hat. Da scheint einiges nicht in Ordnung zu sein. Ich muss auch genauere Informationen über frühere Krankheiten bekommen«, sagt er gedämpft zur Schwester. Noch leiser fügt er hinzu: »Ich glaub kaum, dass wir sie hier bei uns in Lichtenstern behalten können. Sicher ist sie in einem Behindertenheim auf Dauer besser aufgehoben, aber das werden wir nicht heute entscheiden.«

Langsam hält der Winter Einzug. Die Kinder schlüpfen abends gerne in ihre Betten und sind froh über die zusätzlichen Wolldecken. Es ist immer zu kalt in dem alten Gemäuer, besonders im Schlafsaal. Schon das Aufstehen ist eine Qual, erst recht das morgendliche Waschen. Warmes Wasser ist ein Luxus, den es nur ganz selten gibt. Alle Mädchen müssen sich an einem langen Steintrog waschen, auf dem viele Waschschüsseln stehen. Die Tanten stehen daneben und kontrollieren genau. Lina braucht dabei meistens Hilfe, die Lähmung in ihrer rechten Hand ist nicht besser geworden und vieles schafft sie einfach nicht.

Als der erste Schnee fällt, staunen die Geschwister einmal mehr. Hier inmitten der Natur und in der Nähe des Waldes sieht alles aus wie in einer Märchenwelt. Morgens und abends scheint der frisch gefallene Schnee auf den Bäumen regelrecht zu glitzern. Kaum ist der Unterricht zu Ende, sind die Kinder nicht mehr zu halten, egal wie kalt es ist. Sie stürmen hinaus in die weiße Welt, bauen Schneeburgen, Iglus und Schneemänner.

Lina liebt es, sich rückwärts in den Schnee zu werfen und Engelchen zu machen. Ausgelassen tobt sie draußen herum. Durch ihre fröhliche Art hat sie schon ein paar Freunde gefunden. Vor allem Tante Emma, die junge blonde Pflegerin, hat es ihr angetan. Dauernd läuft Lina hinter ihr her, wie ein Hündchen, und himmelt sie an. Tante Emma lacht dann und sagt: »Ach, da ist ja wieder mein armes schwarzes Katerle«, und streichelt Lina über das dunkle Haar. Das Mädchen freut sich darüber und strahlt wie die Sonne.

Auch eine ältere Frau, die ab und zu in der Küche aushilft, gehört zu Linas Lieblingen. Immer wieder schleicht sie zu ihr in die Küche und singt ihr »Kommt ein Vogel geflogen« vor. Dazu hüpft, tanzt und wedelt sie mit ihren Ärmchen. Die alte Frau lacht, bis ihr die Tränen kommen. Lina freut sich noch mehr, denn sie hat gerne »Publikum«.

Im Dezember wird eine große Tanne in die Kirche gebracht. Zwei Männer und zwei Buben mühen sich damit ab, die Mädchen stehen herum und schauen zu.

»Das ist aber ein großer Weihnachtsbaum«, staunt Klara. »Letztes Weihnachten war einfach herrlich«, erzählt sie den Geschwistern, »überall Kerzen und alles so schön feierlich. Heute Abend dürfen wir schon mit dem Sternebasteln anfangen und müssen nicht wieder Strümpfe stopfen oder stricken.«

Am Abend ist Lina dann sehr traurig, sie kann nicht basteln, denn dazu braucht man geschickte Finger. Die anderen Mädchen sitzen gemütlich am Tisch und fertigen eifrig Sterne aus Stroh. Lina lenkt alle nur ab, überall will sie helfen und mitmischen. Aber sie bringt alles durcheinander oder wirft das Stroh vom Tisch.

»Lina, jetzt ist's aber genug! Wenn du nicht aufhörst, gehst du ganz alleine in den Schlafsaal. Setz dich ruhig hin und schau zu«, schimpft Tante Sofie. Aber das ist unmöglich für Lina. Stillsitzen kann sie überhaupt nicht, immer ist sie in Bewegung, will dies und das und hat es auch schon wieder vergessen.

»Das geht so nicht mehr lange weiter mit dem Kind«, sagt Sofie leise zu Emma. »Lina muss wahrscheinlich doch nach Mariaberg oder Stetten, hier macht sie einfach zu viel Arbeit. Dort haben sie mehr Personal und sind für solche Kinder eingerichtet.«

»Ach nein, das arme kleine Ding, wo sie doch so drollig ist«, meint Emma und nimmt Lina auf den Schoß. Die lacht schon wieder und sagt: »Schwarzes Katerle.«

An Weihnachten ist die Kirche wunderschön geschmückt, überall hängen Strohsterne. Lichter glitzern an der Tanne und die Orgel spielt noch schöner als sonst.

»Stille Nacht, heilige Nacht« singen die Kinder und, oh Wunder, Lina singt ordentlich mit, ohne den Text zu vergessen. Lieder und Musik finden schnell Zugang zu ihr und bleiben in ihrem Gedächtnis haften. Ganz ergriffen steht sie in der Kirche und ihre Augen glänzen. Sie wünscht, die Orgel würde nie mehr aufhören zu spielen.

Das Weihnachtsfest in Lichtenstern ist wunderschön. Es gibt besonders gutes Essen, ein paar Süßigkeiten und sogar ein paar kleine Geschenke werden verteilt. Als die Mädchen am Abend in den Schlafsaal müssen, sind sie sehr zufrieden, aber auch sehr müde. Lina ist schon fast eingeschlafen, da hört sie, wie Tante Emma zu Liesl sagt: »Morgen kommen eure Eltern zu Besuch.«

Am ersten Weihnachtstag sind tatsächlich die Eltern da, und sogar die kleine Frieda haben sie mitgebracht. Lina überschlägt sich fast vor Begeisterung und fragt gleich nach dem »Brüderle«.

»Ja, denk dir, den Emil haben sie auch weggeholt«, erklärt die Mutter leise. »Er ist jetzt bei einem Ehepaar, das keine Kinder hat, da geht's ihm sicher gut. Wir fahren morgen hin und schauen nach ihm.«

»Ha, du bist aber gewachsen!«, lacht der Vater und schwenkt Lina mit beiden Armen über seinem Kopf. »Fast kann ich dich nicht mehr hochheben.« Das Mädchen quietscht vergnügt. Aber Gertrud ist schon ganz »fremd« geworden. Immer will sie sich hinter Liesl verstecken.

Die Eltern haben ein paar Gutsle und Weihnachtsspringerle mitgebracht, doch die Kinder sind gar nicht so »gierig« darauf wie früher. Sie haben genug zu essen und auch Süßes bekommen. Die Mutter bewundert die sauberen Schürzen und ordentlich geflochtenen Zöpfe der Mädchen. Auch Fritz sieht so sauber aus, dass es ihr ganz ungewohnt vorkommt.

»Wann können wir denn wieder nach Hause?«, fragt Fritz seinen Vater.

»Ja, Bub, wenn das so einfach wäre. Was glaubst du, was wir für einen Ärger mit dem Amt haben. Wenn die dich mal am Hals haben, gibt's keine Gnade mehr. Da kann man sich als einfacher Mensch und Bürger nicht wehren.« Fritz versteht das alles nicht, aber der Vater sieht so traurig aus, dass er sich nicht getraut, weiter zu fragen.

Heute ist Besuchstag und viele Leute sind in Lichtenstern unterwegs, meist Eltern oder Verwandte der untergebrachten Kinder. Auch Luise und Friedrich lassen sich durch die Einrichtung führen und schauen sich alles genau an.

»Gefällt es dir denn hier, Lina?«, fragt die Mutter. Lina hüpft fröhlich neben ihr her und hält ihre Hand ganz fest.

»Ja, gut gefällt, und Tante Emma lieb ist«, strahlt sie.

»Du musst ordentlich und deutlich sprechen, Lina, sonst kannst du nächstes Jahr nicht in die Schule gehen.« Zweifelnd sieht die Mutter sie an.

»Och, na ja, der Lina gefällt doch immer alles«, mault Liesl dazwischen. »So toll ist es hier auch wieder nicht. Die Tante Sofie ist gar nicht lieb und das Essen ist auch nicht immer gut! Ja, jetzt an Weihnachten war es großartig, aber sonst … Dauernd müssen wir Socken stopfen und …« Liesl zählt alles auf, was ihr nicht passt, auch dass sie ständig auf die beiden Kleinen aufpassen muss. Endlich wird sie mal ihre Sorgen los …

»Aber ihr müsst doch zusammenhalten«, erklärt ihr die Mutter, »und du weißt doch, wie krank Lina war.«

Sorgenfalten durchziehen die Stirn von Luise. Was wird bloß aus Lina werden? Mit Entsetzen denkt sie an das Gespräch, zu dem sie und Friedrich heute Morgen geladen waren, beim Herrn Inspektor im Büro. »Erblich bedingter Schwachsinn und Geistesschwäche«, hat der Inspektor gemeint. Luise hat ihm genau erklärt, dass Lina an Kinderlähmung und Masern erkrankt war: »Dadurch sind die Lähmungen in der rechten Körperhälfte verursacht worden, und Lina hat wohl auch eine leichte Schädigung des Gehirns erlitten. Alle meine anderen Kinder sind doch vollkommen gesund, wie kann das denn dann erblich oder angeboren sein?«, räumte Luise ein.

Der Inspektor hat ihr keine weiteren Fragen gestellt. Er meinte nur, dass noch nicht sicher sei, was mit Lina geschehen soll. Vor allem sei sie in der Schule nicht »mitzuführen« und somit für das Kinderheim auf Dauer nicht »tragbar«.

Da ist der Friedrich natürlich zornig geworden und hat geschrien: »Dann nehmen wir sie gleich wieder mit! Für uns ist sie nämlich sehr wohl tragbar.« Beim Rausgehen hat er dann die Tür unnötig laut zugeknallt.

Viel zu schnell neigt sich der Besuchstag dem Ende zu, die Eltern müssen früh aufbrechen, denn der Weg zum

Bahnhof in Affaltrach ist noch weit. Zusammen mit Martha, die auch ihre Kinder besucht hat, machen sie sich am Nachmittag langsam auf den Weg. Luise hält die kleine Gertrud im Arm, endlich ist das Mädchen ein bisschen aufgetaut und da müssen sie schon wieder los. Schnell drückt sie Friedel an sich – wenigstens die Kleine darf sie wieder mit nach Hause nehmen.

»Seid schön brav und passt aufeinander auf«, mahnen die Eltern zum Abschied. »Wir kommen bald wieder«, ruft der Vater ihnen zu, als sie schon den Berg hinuntergehen. Oben stehen die Kinder, auch die beiden von Martha, und winken, bis die Eltern um die Kurve verschwunden sind.

Der Alltag in Lichtenstern mit seinen vielen kleinen Pflichten kehrt schnell wieder ein. Die Bernhardt-Kinder haben sich inzwischen gut eingelebt und die beiden Großen gehen in die Schule. Nicht nur mit ihnen haben die Lehrer ihre liebe Not, sondern auch mit den vielen anderen Kindern. Zeitweise sind über hundert Schulkinder in Lichtenstern, die manchmal von nur zwei Lehrern betreut werden. Da sitzt der Rohrstock ziemlich locker. In den Pausen sieht man öfters eines der Kinder zum Brunnen vor dem Schulhaus flitzen und sich die Finger kühlen. Tatzenhiebe sind zu der Zeit eine übliche Bestrafungsmethode.

Gertrud und Lina sind morgens im »Kindergärtle« untergebracht. Das ist eigentlich nur ein Stück eingezäunter Rasen, damit die Kleinen nicht in den Gemüse- und Obstgarten gelangen und dort Schaden anrichten können.

Als der Frühling kommt, gibt es für die Kinder genügend Arbeit. Der große Garten muss bestellt werden, alle Mädchen helfen beim Pflanzen und Säen. Gemüse steht ganz oben auf dem täglichen Speiseplan. Es gibt Eintopf tagein, tagaus, immer mit dem Gemüse der Saison. »Schon wieder Eintopf!«, schimpfen die Kinder oft.

Alles wird selber angebaut, sogar Landwirtschaft und Viehhaltung (Milchkühe, Federvieh) wird in Lichtenstern betrieben. Um die Tiere und die Felder müssen sich vor allem die größeren Buben kümmern, zusammen mit staatlich zugeteilten Hilfskräften aus dem RAD (Reichsarbeitsdienst). Außerdem gibt es noch ein Forstamt, denn auch die Wälder ringsum müssen gepflegt und betreut werden.

Die Mädchen haben viel im Garten zu tun. In langen Reihen treten sie zum Unkrautjäten an, dabei wird ab und zu ein Lied gesungen. Oder die Tante lässt sie Bibelverse auswendig aufsagen. Später, als es dann ans Ernten geht, haben sich die Betreuerinnen einen besonders schlauen Trick ausgedacht, vor allem bei der Beerenernte. Sie haben sich genau gemerkt, welches Mädchen bestimmte Beeren oder Früchte nicht so gerne mag, und genau diese dürfen dann von ihr geerntet werden. So kommt mehr ins Körbchen und weniger in den Mund.

»Mir schmeckt eigentlich alles, nur nicht als Hutzel«, sagt Liesl und grinst. Aber als sie sich mal wieder eine Handvoll Himbeeren in den Mund steckt, hat sie auch schon eine Kopfnuss bekommen. Die Tanten haben ihre Augen wirklich überall.

Lina wuselt allen vor den Füßen herum und hat es wie

immer wichtig. Sie ist gerne im großen Garten, wenn sie sich auch beim Beerenzupfen besonders ungeschickt anstellt. Wird sie dort weggeschickt, schleicht sie sich in den Stall und streichelt die Kühe. Die halten ganz still, schauen sie mit ihren großen, sanften Augen freundlich an. »Kuh lieb«, flüstert Lina.

Eine willkommene Abwechslung bietet das Jahresfest im Sommer, das in Lichtenstern aufwendig vorbereitet wird. Die Kinder können es kaum erwarten, aber zuerst heißt es wieder fleißig sein. In einer Reihe auf den Knien schrubben die Mädchen den großen Saal und putzen die vielen kleinen Fensterscheiben, dass sich die Sonne darin spiegelt. Auch Hof und Garten müssen aufgeräumt und gesäubert werden. Die Gäste aus der Umgebung, vor allem die aus der Kirchenorganisation, sollen schließlich sehen, dass in Lichtenstern alles bestens in Schuss gehalten wird. In der Küche wird eifrig gebacken. Der ungewohnte Duft steigt den Kindern in die Nase und sie freuen sich auf die Leckereien: »Endlich wieder Kuchen!«

Am Festtag geht es hoch her. Im Hof sind Tische und Bänke aufgestellt, bunte Papierfähnchen wehen fröhlich und einladend. Es gibt Kuchen und Saft für die Gäste und auch für die Kinder. Theaterstücke und Lieder werden aufgeführt und die Kinder sind mächtig stolz, als das Publikum kräftig applaudiert.

Die fremden Leute sind sehr freundlich und streichen den Kindern lächelnd über die Köpfe. Ob sie auch immer schön brav sind, will ein Besucher von Lina wissen. »Lina brav, Gertrudle a brav«, plappert sie munter. Sie freut sich unwahrscheinlich über den Trubel und die Aufmerksamkeiten. Da ist sie ganz in ihrem Element und kommt kaum noch zum Luftholen. Freundlich strahlt sie jeden Gast an und winkt ihm später zum Abschied hinterher.

Als Krönung haben die Besucher Süßigkeiten auf den Betten der Kinder verteilt: Bonbons in buntem Papier, Kekse und sogar ein paar Schokoladentafeln. Das ist eine Freude! Aber die Tanten sind mal wieder schneller und ruck-zuck haben sie die Süßigkeiten eingesammelt.

»Nicht alles auf einmal, jede bekommt heute ein Stückchen und morgen wieder«, erklärt Tante Emma. Dann verteilt sie die ersten Schokoladentafeln.

Lina ist noch ganz aufgedreht und schleckt hingerissen an ihrem Schokostückchen. »Morgen wieder Fest?«, fragt sie.

»Nein, du Dummerle«, Tante Emma lacht, »das ist doch nur einmal im Jahr.«

Arbeiten wird in Lichtenstern großgeschrieben, faul sein ist verpönt. Selbst in den Abendstunden wird nicht unnütz herumgelungert, die Mädchen müssen stricken oder, wie meistens, Socken stopfen. Keine sehr beliebte Angelegenheit. Lina kann dabei nicht mithelfen, Handarbeiten sind völlig unmöglich mit ihrer fast gelähmten Hand. Aber das Lied, welches die Mädchen über das Strümpfestopfen gedichtet haben, singt sie laut und richtig mit. Sie kann es längst auswendig.

Den Hut auf dem Finger, den Strumpf in der Hand,

so sitzen wir Mädchen nicht gern auf der Bank.
Denn da heißt es stopfen, tagaus und tagein,
die Strümpfe und Socken von Groß und von Klein.
Da gibt es viele Löcher, wie Fäuste so groß,
wenn's Stopfei hineinfällt, fällt's uns auf den Schoß.
Drum wechselt die Strümpfe, wenn's Loch ist noch klein,
wir stopfen sie gerne so zwischen hinein.

So vergehen die Tage und bald ist es wieder Herbst. Nun sind die Geschwister schon ein ganzes Jahr in Lichtenstern. Es gibt immer viel zu arbeiten und auch zu lernen, deshalb ist ihnen die Zeit gar nicht so lange vorgekommen. Die Obsternte war anstrengend und sehr ergiebig dieses Jahr. Die Kinder sind froh, als sie endlich abgeschlossen ist. Abends wird es schon richtig kalt und auch früh dunkel. »Der Winter lässt grüßen«, sagen die Erwachsenen.

Eines Morgens Ende November wird Lina besonders gründlich gewaschen. »Halt endlich still!«, schimpft Tante Emma. »Du musst doch sauber sein, wenn dich der Herr Doktor untersucht. Zappel nicht so herum und antworte ordentlich und langsam, wenn er dich etwas fragt, hast du mich verstanden?«

Lina nickt erschrocken.

Tante Sofie führt sie in einen Raum, in dem der Doktor schon wartet. Er ist recht freundlich zu Lina und erklärt ihr, dass er extra ihretwegen nach Lichtenstern gekommen ist, um zu sehen, wie es ihr geht. Das findet Lina sehr nett von ihm und sie freut sich wie immer, wenn sich jemand mit ihr beschäftigt. Gleich singt sie ihm ihr ewiges »Kommt ein Vogel geflogen« vor und zählt ruck-zuck auf acht.

Der Doktor schaut Lina ganz genau an, von allen Seiten sozusagen, sogar den Mund muss sie aufmachen. Aber auf einem Fuß stehen kann sie nicht, schon gar nicht auf dem rechten. Auch ihre »böse Hand« sieht er sich genau an. Dann klopft er noch auf ihren Rücken und horcht mit einem Gerät ihr Herz ab.

Lina fängt langsam an, zappelig zu werden, sie will zu Gertrudle: »Die wartet scho«, versucht sie dem Doktor zu erklären. Tante Sofie sieht sie streng an und droht ihr mit dem Zeigefinger.

Auszug aus dem Originalbericht vom 25. November 1930:

Befund: Das Kind hat etwas Liebes, Anschmiegsames, aber äußerst Unruhiges, Quecksilbriges und Ablenkbares in seinem Wesen.

Es will fortwährend etwas anderes, will immer, dass man sich mit ihm beschäftigt, und entwaffnet dabei durch sein sonniges Wesen, welches größte Freude zeigt, wenn man auf sie eingeht. Das Kind spricht viel, hastig, sehr undeutlich, manchmal ganz unverständlich in eigenen Wortbildungen und dann wieder einzelne, auch schwierigere Wörter wie »Gertrudle«. Sie ist sehr schwer und nur für Augenblicke zu fixieren. Zählt rasch auf acht ohne deutliches Zahlenverständnis. Es singt mit pantomimischer Begleitung ein Lied.

Körperlich: gesund, blühend, schöne Haut, Andeu-
tung von Hühnerbrust, einige Lymphtome am Hals,
leichtes Struma, schmaler hoher Gaumen. Rechte
Körperhälfte etwas paretisch, Muskulatur am rechten
Arm und Bein schlaff und geringer als links, Sehnen-
reflex rechts gesteigert. Herz und Lunge in Ordnung.
Beurteilung: Karoline hat offenbar in frühester Ju-
gend eine cerebrale Kinderlähmung durchgemacht,
deren Folgen neben der Schwächung der rechten
Körperhälfte auch eine deutliche Enthemmung auf
seelischem Gebiet ist.
Infolge einer überaus erschwerten Fixierbarkeit kann
das Kind in einer Normalschule nie mitgeführt wer-
den. Und wenn auch der Intellekt, der manches An-
geflogene von dem Kind aufnehmen lässt, für eine
Hilfsschule zureichen würde, so erlaubt die starke
psychomotorische Unruhe der Kleinen doch nicht
deren Schulung in einer solchen. Es bleibt deshalb
nur die Unterbringung in Stetten oder Mariaberg
übrig, wo sie auch Schwierigkeiten bei der Schulung
machen wird. Mit der Versetzung kann natürlich
noch bis zum nächsten Frühjahr zugewartet werden.

Gez. Dr. Koch

Wieder ist Weihnachten, die Eltern sind diesmal nicht gekommen. Der Vater hat in einem Brief geschrieben, dass die
Mutter krank sei und sie den Besuch auf den Frühling ver-
schieben müssen. Aber ein Päckchen haben sie geschickt,
für jedes Kind eine Kleinigkeit: Socken für Fritz und
warme Mützen für die Mädchen, außerdem ein bisschen

Weihnachtsgebäck. Von dem Wenigen, was sie haben, ist eigentlich nichts mehr abzuwacken, aber die Kinder sollen an Weihnachten zumindest etwas auspacken können.

Überall im Land werden die Lebensmittel knapper und die Armut nimmt stetig zu. Die wirtschaftliche Situation in Deutschland ist katastrophal, die Arbeitslosenzahl steigt auf fünf Millionen und das Elend ist kaum noch zu steigern. Die Lichtensterner sind froh, Selbstversorger zu sein. Auch wenn es fast täglich Eintopf gibt (genannt »Lichtenstern rundherum«), hungern muss niemand dort.

An Weihnachten bekommen die Kinder ein bisschen Fleisch und Wurst, außerdem Gebäck und Kuchen. Das ist eine Freude bei dem sonst immer gleichen Essen. Jedes Kind erhält ein kleines Geschenk von der Einrichtung. Lina hat bunte Fäustlinge bekommen und findet sie so schön, dass sie sie auch in der Stube nicht ausziehen will. Erst als die Tanten die Puppen bringen, die nur über Weihnachten ausgepackt werden, zieht sie schnell die Handschuhe aus. Die Puppenkleidchen haben die Mädchen selbst genäht und gestrickt.

Im Januar 1931 muss Lina zum Inspektor ins Büro kommen. Tante Sofie begleitet sie. »So, du bist also die Lina«, sagt der Inspektor ernst und schaut sie über seine Lesebrille ganz genau an. Lina ist das nicht geheuer und sie reißt die Augen groß auf. Da lacht der Inspektor und sagt freundlicher: »Keine Angst, ich tu dir schon nichts.« Er stellt allerhand Fragen, welche Tante Sofie beantwortet. Alles schreibt er genau auf:

Original-Fragebogen für Aufnahmegesuche von Schwachsinnigen und Epileptischen:

Name, Geburtsort, Geburtstag des Aufzunehmenden:	*Karoline Bernhardt, geb. 25.02.1924, Steinbach bei Hall*
Name, Stand, Beruf, Wohnort, Konfession der Eltern:	*Friedrich Bernhardt, Hilfsarbeiter, ev. Luise geb. Reber, Steinbach bei Hall, ev.*
Ist das Aufzunehmende schwachsinnig oder epileptisch:	*schwachsinnig*
Wie ist sein geistiger Zustand im Allgemeinen:	*schwach*
Worin sucht man die Ursache des Zustandes:	*Gehirnentzündung*
Welche Krankheiten hat es schon durchgemacht:	*Masern, Gehirnentzündung*
Steht die Entwicklung des Körpers im Verhältnis zum Alter oder nicht?	*steht nicht wesentlich zurück*
Wie groß:	*108 cm*
Wie schwer:	*18 ¼ kg*
Sind körperliche Gebrechen vorhanden:	*rechtsseitige Lähmung*
Hat das Aufzunehmende eine auffallende Kopfbildung:	*schmale, nach oben zugespitzte Kopfform*
Kann es gehen, seit wann:	*ja, seit 3,5 Jahren*

Ist es ruhig oder immer in Bewegung:	*immer in Bewegung*
Leidet es an Krämpfen:	*nein*
Hört und sieht es gut oder schlecht:	*hört und sieht gut*
Spricht es mangelhaft oder gut – seit wann:	*spricht teilweise undeutlich*
Spricht es Wörter, Sätze – fragt, antwortet es:	*fragt und antwortet*
Berichtet es allerlei:	*ja*
Hält es sich rein:	*ja*
Fließt ihm Speichel aus dem Mund:	*nein*
Sonderbarkeiten:	*wirft im Laufen den Kopf hin und her*
Kann es kleine Aufträge besorgen:	*ja*
Selber essen:	*ja*
Sich anziehen:	*macht Versuche*
Wie verhält es sich:	*gemütlich*
Ist es gutmütig:	*sehr gutmütig*
Gesellig:	*ja*
Sondert es sich von den anderen ab:	*nein*
Zerstörungssüchtig:	*nein*

Schlägt oder stößt es sich selbst:	*nein*
Spielt es? Mit was?:	*mit wenig Ausdauer, kindliche Spiele*
Ist das Kind wohl bildungs-fähig:	*ja*

Lichtenstern, den 19. Januar 1931, Inspektion Lichtenstern

Endlich darf Lina wieder zu den anderen Kindern.

»Was hat der Inspektor denn alles gefragt? Was wollte er von dir?«, will Liesl aufgeregt von Lina wissen.

»Wa nicht, Lina brav«, plappert diese ungeduldig und läuft schnell nach draußen in den Schnee.

»Irgendwas stimmt da ganz und gar nicht«, sagt Liesl nachdenklich zu Fritz. »Die haben irgendwas vor mit Lina.«

»Ach, was du immer hast«, meint ihr Bruder nur leichthin, »die war doch so krank, deshalb wird besonders nach ihr geschaut, was soll sonst sein …«

Liesl hat da so eine Ahnung und ihr ist gar nicht wohl dabei.

Langsam kommt der Frühling und die eiskalten Nächte werden milder. Damit steigen auch die Temperaturen in dem alten Gemäuer etwas an. Die Eltern haben sich angekündigt und an einem sonnigen Sonntag im April sind sie endlich gekommen.

Gemeinsam spazieren sie durch den erwachenden Klostergarten und setzen sich am Waldrand in das warme Gras. Frieda haben sie nicht mitgebracht, aber die Mutter erzählt den Kindern, dass sie noch ein »neues« Schwesterchen bekommen haben: »Sie heißt Johanna, aber wir sagen Hanna zu ihr.«

Die Geschwister staunen. »Warum habt ihr sie denn nicht mitgebracht?«, fragt Liesl aufgeregt. »Wir wollen sie doch auch sehen …«

»Schwesterle?«, sagt Lina fragend und kuschelt sich eng an die Mutter.

»Aber das geht doch nicht«, erklärt diese, »die Hanna ist doch erst ein paar Wochen alt, wir können noch nicht so lange mit ihr Zug fahren. Sie ist zu Hause bei der Tante. Komm, Lina, zeig mir mal, wie schnell du schon rennen kannst.«

Lina lässt sich nicht lange bitten und saust so gut sie kann zusammen mit Fritz und dem Cousin August den Berg hinunter.

Liesl rückt ganz nah an ihre Mutter heran und flüstert: »Ich glaub, die haben etwas vor mit der Lina, vielleicht muss sie sogar fort von hier. Vorgestern haben sie ihre Kleider durchgesehen und überlegt, was sie noch braucht …« Fragend blickt sie ihre Mutter an.

»Du hast recht, Liesl«, sagt diese seufzend, »die Lina muss wahrscheinlich nach Stetten, dorthin kommen die Kinder, die nicht ganz ›echt‹ im Kopf sind. Bei der Lina wird's wohl doch nicht mehr viel besser, deshalb kann sie hier nicht bleiben und auch nicht in die Schule gehen. In Stetten haben sie eine besondere Schule für solche Kinder. Aber sag bloß nichts zu Lina, sie regt sich sonst nur auf.«

»Das geht doch nicht!«, entrüstet sich Liesl und springt auf. »Sie kann nicht ganz alleine weggehen, da hat sie doch Angst! Gertrud und sie hängen doch immer zusammen!« Liesl ist ganz außer sich.

Beruhigend legt die Mutter den Arm um ihre große Tochter. »Ach Liesl, wer weiß, vielleicht wird ja bald alles wieder besser. Wenn die schlechten Zeiten lange genug gedauert haben, kommen auch wieder bessere. Vielleicht dürft ihr ja einmal alle wieder heimkommen.«

Liesl schaut die Mutter ungläubig an und schüttelt stumm den Kopf.

Eine Wolke schiebt sich vor die Sonne und die Eltern müssen schon wieder an den Heimweg denken. Langsam und nachdenklich gehen alle in Richtung Pforte. Am Pförtnerhaus bleiben sie noch eine Weile stehen, der Vater erzählt den Buben von der Lok, mit der sie wieder nach Hause fahren werden. Luise nimmt jedes ihrer Kinder noch einmal in den Arm und drückt sie kurz an sich, nur bei Lina dauert es länger, bis sie sich trennen kann. Sie streicht ihr die dunklen Haare aus dem Gesicht und sagt: »Lina, sei immer schön brav und folge den Tanten, gell?« Nur mit Mühe kann sie die Tränen zurückhalten.

Lina, die sehr empfänglich für Stimmungen ist, merkt sofort, dass die Mutter traurig ist. Andächtig und leise sagt sie: »Lina brav, Mama net traurig, gell?«

Luise reißt sich schließlich los und winkt im Gehen den Kindern zu, Lina winkt eifrig zurück.

Luise ahnt noch nicht, dass sie ihre besondere kleine Lina in diesem Leben nicht wiedersehen wird.

15. Juni 1931

Liesl und Fritz werden am Vormittag von Tante Emma aus dem Unterricht geholt. Erstaunt fragen sie, was denn los sei. Die Betreuerin sagt nur, dass sie mitkommen sollen, sie würden es gleich erfahren.

Am Pförtnerhaus steht Lina mit einem kleinen Papp-köfferchen neben sich. Ein großes schwarzes Auto wartet vor dem Tor und eine fremde Frau in Schwesterntracht steigt gerade aus. Lina wirkt ganz verloren und zappelt nervös herum, sie ist besonders sauber angezogen, die dunklen Zöpfe sind ordentlich geflochten. Als sie Liesl entdeckt, läuft sie sofort zu ihr und umarmt die große Schwester.

Liesl hat einen ganz trockenen Hals und bringt kein Wort heraus, auch Fritz schaut ziemlich betreten drein. Nicht mal das Auto kann ihn ablenken, sonst ist er kaum zu halten, wenn er irgendwo ein Fahrzeug entdeckt.

»Lina darf jetzt mit dem schönen Auto mitfahren«, meint die fremde Frau und lächelt freundlich.

Lina macht aber keine Anstalten, sich von Liesl zu trennen. »Oh«, sagt sie nur und wackelt mit dem Kopf.

»Nun komm, Lina, es ist ein weiter Weg nach Stet-ten«, drängelt Tante Emma. Sie schnappt sich das nun weinende Mädchen und reißt sie von Liesl los. »Jetzt komm, du darfst dort auch zur Schule gehen, das hab ich dir doch schon erzählt«, redet sie auf Lina ein und muss selbst ein paarmal schlucken.

»Blei, mi!«, schreit Lina laut und streckt verzweifelt die

Ärmchen nach Liesl aus. Bei der großen Schwester laufen nun auch die Tränen.

»Wann kommt sie denn wieder?«, fragt Liesl, aber darauf erhält sie keine Antwort.

»Auf jetzt, ihr macht es nur noch schlimmer für das Kind, sagt jetzt Ade«, drängt die fremde Frau und bugsiert Lina ins Auto.

»Du musst fleißig lernen, Lina, dann kommst du bald wieder zu uns!«, schreit Fritz ihr hinterher.

Kaum sind die Türen geschlossen, fahren sie auch schon los. Fassungslos stehen Liesl und Fritz da und sehen zu, wie das Auto den Berg hinunterfährt. Sie winken, bis sie Linas dunkles Köpfchen nicht mehr sehen können.

»Wie soll ich das bloß der Gertrud erklären?«, fragt Liesl traurig.

Heil- und Pflegeanstalt Stetten im Remstal

Mit einem Ruck, der durch das ganze Kind fährt, wacht Lina auf. Verwirrt tastet sie nach Gertrud, die sonst neben ihr im Bettchen liegt. Sie weiß nicht, was mit ihr geschehen ist und wo sie sich befindet. Langsam bemerkt sie, dass sie in einem Auto sitzt. Sie schaut durchs Fenster, aber draußen ist es dunkel. Leise fängt sie wieder an zu weinen. Sie ist durcheinander, ihr ist heiß und der Hals tut ihr weh. »Nicht weinen, alles ist gut, Schätzle«, hört sie eine fremde Stimme.

Eine Hand fasst nach ihr, und da wird sie auch schon aus dem Auto gehoben und weggetragen. Lina merkt nichts mehr davon, sie ist eingeschlafen und träumt mal wieder von kleinen Kindern. Oder sind es doch eher Engelchen?

In den ersten Tagen hat sie Fieber und fantasiert viel. Sie wird auf die Krankenstation gebracht und die Schwestern schauen immer wieder nach ihr. Alle hoffen, dass das Mädchen nichts Ansteckendes hat.

Schließlich muss sie doch ins Krankenhaus, denn der Hals ist ganz zugeschwollen, es besteht Verdacht auf Diphtherie. Aber das Röntgen ergibt keinen Befund, keine wesentliche Gefahr, die Lunge ist in Ordnung. Sie bekommt reichlich Serum gespritzt.

Langsam geht es ihr besser. Kaum nimmt sie ihre Umgebung wieder wahr, ist sie fast nicht mehr im Bett zu halten. Nervös zappelt sie herum und fragt immer nach

Gertrudle und Liesl. Die Tanten und Schwestern haben ihre liebe Not, sie ruhigzuhalten. Tante Berta schafft es schließlich, indem sie ihr Geschichten und Märchen vorliest. Da kann Lina plötzlich still liegen und zuhören.

Inzwischen ist es Hochsommer und Lina darf zum ersten Mal wieder nach draußen. Erst jetzt sieht sie, dass sie direkt neben einem Schloss wohnt. Staunend blickt sie daran empor, auch den Uhrenturm schaut sie lange an.

Bei einem kurzen Spaziergang flattert sie vor Aufregung überall herum. Gleich ist sie da und dort, alles will sie genauer sehen. Sie ist kaum zu stoppen und die anderen Mädchen aus ihrer Abteilung müssen lachen über die lustige Neue. Lina scheint sehr zufrieden und nimmt immer wieder ein anderes Mädchen an die Hand.

»Ganz durcheinander ist sie vor Freude«, sagt Tante Berta lachend zu ihrer Kollegin, »sie wird sich schnell und leicht hier einleben mit ihrer fröhlichen, sonnigen Art.«

Die Heil- und Pflegeanstalt für Schwachsinnige und Epileptische in Stetten im Remstal:

»Als Gemeinschaft von behinderten und nicht behinderten Menschen wurde die Anstalt gegründet und so auch von dem genialen Pädagogen und tiefgläubigen Christen Johannes Landenberger in Schloss Stetten seit 1863 weitergeführt. Seine heilpädagogischen Erkenntnisse sind in die moderne Heilpädagogik eingeflossen. Inspektor Ludwig Schlaich eröffnete 1933 die Heilerziehungs-

pflegeschule und initiierte damit den Beruf des Heil-
erziehungs-Pflegers, der heute als staatlich anerkannte
Fachausbildung die Hauptarbeit in der pädagogischen
Begleitung und Pflege geistig behinderter Menschen leis-
tet. Die Ludwig Schlaich Schule der Diakonie Stetten
in Waiblingen bietet heute darüber hinaus auch Aus-
bildungen in Arbeitserziehung und Heilpädagogik an.«

(http://www.diakonie-stetten.de,
Abrufdatum: 12.06.2012)

Das weitläufige Gelände ist vor allem durch das Schloss
und den Schlossgarten geprägt. Das Mädchenhaus, in
dem Lina wohnt, liegt direkt gegenüber dem linken
Schlossflügel. Gleich daneben befindet sich die Schule,
auf der anderen Seite stehen das Bubenhaus und das
kleine Krankenhäusle. Einen Spielplatz, einen Schlossgarten und eine schöne große Obstwiese gibt es auch.
Weiter entfernt wird Landwirtschaft betrieben, eine
Gärtnerei und verschiedene Handwerksbetriebe liegen
in der näheren Umgebung.

Besorgt schreibt Linas Vater einen Brief an Pfarrer
Schlaich, den Inspektor der Heil- und Pflegeanstalt
Stetten:

Sehr geehrter Herr Inspektor!
Da nun unser Kind, mit Namen Lina Bernhardt
(kleines Mädchen), von Lichtenstern in Ihre Anstalt
überwiesen worden ist, möchten wir einmal anfra-

gen, wie es ihr dort geht. Zur gleichen Zeit möchten wir auch fragen, wie lang denn der Zug fährt. Bitte geben Sie uns Auskunft, wie weit das ist.

Friedrich Bernhardt,
Schwäbisch Hall, den 05.07.1931

Auch in Stetten folgt der Tagesablauf genauen und bewährten Strukturen. Aber anders als in Lichtenstern ist alles stärker an den Bedürfnissen und Möglichkeiten der Bewohner ausgerichtet. In Linas Schlafsaal stehen längst nicht so viele Betten, wie sie es gewohnt ist, nur zehn bis elf Mädchen sind auf einer Abteilung untergebracht.

Früh fängt auch hier der Tag an. Beim Anziehen und Waschen wird, wo es nötig ist, geholfen. Aber nicht nur die Tanten helfen, sondern auch die größeren Mädchen müssen mit anpacken. Jede hat »ihr Kind«, auf das sie ein bisschen schauen soll. Die Mädchen sind sehr stolz darauf. So hilft Anna Lina beim Anziehen und kämmt ihr die Haare.

»Komm, komm«, drängt Anna, »wir wollen nicht zu den Letzten gehören, die in den Speisesaal gehen.«

Lina umarmt sie herzlich und sagt »Liesl« zu ihr.

Nach dem Frühstück und einer kurzen Andacht gehen alle wieder auf ihre Zimmer. Die Betten müssen ausgelegt werden, jeder soll das selbst versuchen und alle sind eifrig dabei. Danach wird auf die Visite gewartet. Wenn es zu lange dauert, wird die Wartezeit mit einem Liedchen verkürzt. Das gefällt Lina und sie singt auch gleich mit, ohne den Text zu kennen.

Die Visite findet zweimal pro Woche statt. Neben den Ärzten nehmen der Leiter der Anstalt, Pfarrer Schlaich, und der Hausvater Herrmann daran teil. Sie begrüßen jedes Kind mit Handschlag, was Lina gut gefällt.

»So, Lina, jetzt geht's dir aber schon viel besser«, meint der freundliche Pfarrer, »jetzt darfst du auch endlich zur Schule gehen, gell?«

Sie nickt eifrig und fängt sofort an zu zählen: »Eins, zwei, drei, vier …« Gleich darauf singt sie auch noch das geliebte »Kommt ein Vogel geflogen«, wieder flattert sie dazu mit den Ärmchen. Die Herren müssen sehr lachen, auch die Tanten schmunzeln. Lina ist glücklich.

Um acht Uhr läutet endlich die Schulglocke und die Kinder sind nicht mehr zu halten. Fast alle gehen mit Begeisterung zur Schule. Der Unterricht wird vor allem als Unterhaltung und willkommene Abwechslung betrachtet. Die verschiedenen Klassen sind nicht nach dem Alter geordnet, sondern an den Fähigkeiten der Schüler ausgerichtet. Es wird viel mit Legespielen, Bauspielen, Liedern und Geschichten gearbeitet. Damit sind die Kinder eher zu erreichen als mit trockenen Fakten.

Lina ist begeistert von der Schule und von Fräulein Koch, ihrer Lehrerin. Doch sie kann einfach nicht still sitzen und kaspert viel herum. Die nette junge Lehrerin hat Mühe, Lina dazu zu bringen, sich einzufügen. Immer will sie alles als Erste machen und kann sich einfach nicht zurückhalten. Bis jetzt wurde ihr einiges nachgesehen, weil sie sehr krank war, außerdem ganz neu und fremd in Stetten. Aber Lina hat eindeutig einen Hang dazu, sich in den Vordergrund zu drängen, auch wenn sie das auf eine oft liebenswerte und herzliche Art tut. Das wird noch ein schönes Stück Arbeit, denkt sich die Lehrerin.

Um 9:30 Uhr gibt es ein zweites Frühstück in der großen Pause. »Unglaublich, wie hungrig die Kinder schon wieder sind! Man könnte grad meinen, die haben wochenlang nichts mehr zu essen bekommen«, sagt Tante Berta zu ihrer Kollegin.

Lina freut sich über das Marmeladenbrot, sie isst gerne Süßes und schleckt sich genüsslich die Finger ab.

»Wie war es denn in der Schule, Lina?«, fragt die Tante. »Willst du gleich wieder rübergehen, oder bleibst du lieber hier bei mir?«

»Ich muss gleich wieder rüber, ich muss doch weiterlernen«, antwortet Lina sehr wichtig. Die Tanten schmunzeln über so viel Eifer.

Nach dem Mittagessen müssen die Kinder ausruhen. Sie legen ihre Köpfchen auf die Tischplatte, und zwar alle in die gleiche Richtung, damit keines der Mädchen irgendwelchen Unfug mit der Tischnachbarin machen kann. Das ist gar nichts für Lina, still sitzen und brav sein, und das auch noch eine ganze Stunde lang – unmöglich. Immer wieder dreht sie den Kopf und macht irgendwelche Faxen oder wackelt auf dem Stuhl hin und her …

»Lina, jetzt bist du aber lieb«, schimpft Tante Berta schließlich, »sonst gehst du ganz alleine in den Schlafsaal.«

»Wir haben daheim einen viel, viel größeren Schlafsaal gehabt«, sagt Lina noch schnell.

»Das reicht jetzt aber!« Die Tante ist langsam genervt von der dauernden Störung. »Das ist die letzte Warnung! Und das mit dem großen Schlafsaal hast du uns auch schon oft genug erzählt.«

Lina versucht nun verzweifelt, brav zu sein, aber das ist wirklich sehr schwer.

Nachmittags haben die Kinder, je nach Möglichkeiten und Talent, handwerklichen Unterricht oder Turnen. Um 16:00 Uhr wird Kaffee getrunken und danach ist endlich Zeit zum Spielen oder Spazierengehen. Lina ist gerne draußen unterwegs, schnell hat sie zwei neue Freundinnen gefunden: Hedwig ist genauso alt wie Lina und Helene (Lene) zwei Jahre älter.

Arm in Arm spazieren die Mädchen durch den Schlosspark, während Lene Märchen erzählt. »Gell, im Schloss hat mal eine Prinzessin gewohnt?«, fragt Lina schließlich.

»Das glaub ich nicht«, antwortet Hedwig ernsthaft, »sonst wäre sie doch auch schwachsinnig gewesen.«

Schon wird zum Abendessen gerufen. Hedwig soll heute die Löffel austeilen, also schnell wieder hinein in den großen Speisesaal. »Was es wohl heute gibt?«, fragen sich die Mädchen. Vielleicht Brei oder Kakao und Butterbrote? Oder aber Suppe mit Kartoffeln? Wenn es tatsächlich mal Apfelkuchen gibt, herrscht große Begeisterung.

Nach dem Abendessen wird eine kurze Andacht gehalten. Die meisten Kinder haben sich längst daran gewöhnt und bleiben brav sitzen. Nur Jakob steht hin und wieder einfach auf und geht hinaus – einige gehen gleich mit. Lina nützt natürlich auch diese Gelegenheit, sie will nicht schon wieder still sitzen.

Bis es in den Schlafsälen ruhig wird, dauert es meist noch ein Weilchen. Die Tanten haben es nicht leicht, die Kinder zur Ruhe zu bewegen. Natürlich ist auch Lina, vor allem in der ersten Zeit in Stetten, sehr aufgedreht: Immer wieder erzählt sie vom vergangenen Tag, es gibt einfach zu viel Neues, das sie bewegt.

Das Vergangene, ihre Eltern und Geschwister hat sie fast schon vergessen. Nur kurz vor dem Einschlafen kommt es vor, dass sie nach Gertrudle und Liesl fragt. Die Tante antwortet dann einfach: »Die sind geborgen in Gottes Hand, genau wie du auch, mein Kind.« Das Abendgebet beruhigt sie schließlich soweit, dass sie einschlafen kann.

So vergeht der Sommer. Lina hat sich wie erwartet schnell und leicht eingelebt. Die Anstalt in Stetten ist jetzt ihr Zuhause, aber sie weiß natürlich, dass sie eigentlich aus Steinbach bei Hall kommt. Allerdings sind das nur Worte für sie, Bedeutung haben sie keine mehr. Lichtenstern, vor allem der große Schlafsaal und der Garten, tauchen noch ab und zu in ihrem Gedächtnis auf.

Inzwischen soll sie mit der linken Hand das Schreiben und auch gleich das Stricken lernen – beides fällt ihr alles andere als leicht. Die Lehrerin muss sich vieles einfallen lassen, um das Mädchen bei der Stange zu halten. Aber gutmütig ist Lina nun mal, und wenn sie gelobt wird, strengt sie sich wieder von Neuem an. Sehr gerne lernt sie

Lieder, und die Tanten staunen oft, wenn Lina ihnen am Nachmittag das gelernte Lied vom Vormittag fehlerfrei vorsingt. Lieder, Melodien und Musik begeistern Lina am meisten.

Beim Spaziergehen müssen sich die Kinder jetzt warm einpacken, der Sommer ist endgültig vorbei. Das Anziehen ist immer ein ziemlicher Aufwand, oft vertauschen die Mädchen sämtliche Kleidungsstücke und sogar Schuhe. Es kann tatsächlich vorkommen, dass zwei verschiedene Schuhe angezogen werden. Trotzdem marschieren sie fröhlich drauflos, nach dem Motto: »Was nicht passt, wird passend gemacht.« Die Schuhe werden immer sofort und möglichst von allen selbst geputzt.

Jedem Kind wird täglich eine Aufgabe im Haus zugeteilt. Das »Ämtle« wird sehr ernst genommen und nach bestem Können erledigt. Lina ist stolz, wenn sie bei etwas helfen darf, genauso wie die anderen Kinder. Aber sie kann sich nicht zurückhalten: Sie will immer als Erste ihr »Ämtle« haben und drängelt sich vor, was nicht gerne gesehen wird. Lina muss lernen, sich einzufügen. Dies fällt ihr am Anfang sehr schwer.

An einem Tag bekommt sie als Letzte ihre Aufgabe übertragen und weigert sich bockig, heute überhaupt etwas zu machen. »Jeder kommt einmal als Letzte dran«, erklärt ihr Tante Berta ruhig, »und wenn du das nicht lernst und einsiehst, dann muss ich dich bestrafen. Dann gibt's heute Abend keinen Kuchen für dich.«

Lina ist entsetzt, denn den ganzen Tag über freuen sich

die Kinder auf den Kuchen. Schnell schnappt sie sich den Besen und fängt an zu kehren. »Ich mach's, ich bin wieder lieb, bitte, bitte nicht strafen.«

Tante Berta ist zufrieden: »So ist's recht«, sagt sie und streichelt Lina übers Haar. Diese strahlt schon wieder, sie ist nie lange traurig, sondern fast immer fröhlich und zufrieden. Das bestätigt auch der Bericht:

Kurzer Bericht, 17. September 1931

Lina scheint sich hier wohl zu fühlen. Im Betragen macht sie keine besondere Mühe. Vorklasse 1 bei Frl. Koch. Wirkt nach außen ganz aufgeweckt und geistig rege, ist aber ziemlich schwach. Ihr Gedächtnis ist gut für Lieder (Melodie und Text).

Weihnachten 1931

Schon Wochen vor Weihnachten legt sich ein Zauber über die ganze Anstalt, mit Spannung wird der Heilige Abend erwartet. Alle Bewohner und Angestellten sind sich einig: Weihnachten in Stetten ist etwas Besonderes. Das ganze Schloss erstrahlt in besonderem Licht. Schon lange vor Weihnachten kommen viele Pakete und Päckchen an, die gleich »versorgt« und verstaut werden.

An Heiligabend wird im Mädchenhaus ein Theaterstück aufgeführt. Lange haben die Kinder mit ihren Lehrern geprobt und alle sind sehr aufgeregt. Lina darf tatsächlich einen Engel spielen, was sie sich lange gewünscht hat. Aufgeregt »flattert« sie in ihrem schönen Kleid herum. Sogar Flügel hat sie bekommen, aber leider bleibt sie damit gleich mal im Türrahmen hängen.

»So, du Engel, jetzt kannst du nicht mehr fliegen«, grinst Elfriede, eines der Mädchen, schadenfroh.

Die kleine Inge sieht mit großen Augen an Lina hoch und meint: »Es müssen auch nicht alle Engel fliegen können. Du bist wunderschön, Lina.«

Diese strahlt und sagt: »Genau, ich bin trotzdem ein richtiger Engel.«

»Na ja«, Tante Berta wiegt den Kopf, »fast immer.«

Nach der Theateraufführung ist es Zeit für die Bescherung und endlich öffnet sich die Tür zum großen Speisesaal im Schloss. Gleich mehrere große Tannenbäume stehen dort, strahlen und funkeln. Fast 200 Leute sind heute versammelt, was für ein Tumult. An jedem

Sitzplatz liegt ein Geschenk, es darf aber noch nicht ausgepackt werden. Eine richtige Geduldsprobe beginnt,
denn zuerst wird die Weihnachtsgeschichte vorgelesen,
dann singen alle gemeinsam ein paar Weihnachtslieder.

Lina wird plötzlich nachdenklich: Das letzte Weihnachtsfest kommt ihr wieder in den Sinn. Sie erinnert
sich an ihre Geschwister und auch ganz dunkel an die
Eltern und die Tanten in Lichtenstern. Verstohlen schaut
sie sich um und sieht, dass einige Kinder, aber auch Erwachsene weinen. Ihnen geht es wohl ähnlich, sie denken
auch an ihre Angehörigen und an zu Hause.

Kaum ist das letzte Weihnachtslied gesungen, stürzen
sich alle auf ihre Geschenke. »Mach auf, mach auf!«,
ertönt es überall. Lina wird von ihren trüben Gedanken abgelenkt und wickelt ganz geschickt ihr Päckchen
aus. Oh, das ist eine Freude: »Ein Märchenbuch und in
bunt«, schreit sie begeistert, »das hab ich mir vom Christ-
kind gewünscht!« Natürlich muss sie auch die anderen
Geschenke bestaunen – da gibt es allerlei Blech- und
Holzspielzeug, Trompeten und Trommeln, praktische
Dinge wie Kleidung und sogar eine ganze Schinken-
wurst.

Pfarrer Schlaich und seine Frau sind ebenfalls gekommen, sie schauen sich interessiert um und freuen sich mit
den Beschenkten.

Zum Abendessen gibt es Kakao und Weißbrot, das
mögen alle gerne. Danach geht es zur Andacht, die Kapelle platzt heute fast aus allen Nähten und ist wunderschön geschmückt. Vor dem Zubettgehen werden im
Mädchenhaus die Päckchen verteilt, die die Kinder von

zu Hause erhalten haben. Die Tanten wollen es denjenigen leichter machen, die nichts von daheim bekommen haben, und geben sie erst spät am Abend aus.

Linas Eltern haben auch ein Geschenk geschickt. Voller Freude packt sie zwei Unterhemdchen aus, in die ihr Name gestickt ist.

»Das hat deine Mutter aber schön gemacht«, meint Tante Berta bewundernd, »und schau, ein Kärtchen mit einem Engelchen drauf, da steht: *Dir, liebe Lina,* wünschen wir ein schönes Weihnachtsfest und hoffen, dass es dir gut geht. Von deinen Eltern.«

Lina kommen schon wieder die Tränen.

»Aber, aber«, sagt die Tante, »jetzt wird nicht mehr geweint, wo du so hübsche Sachen bekommen hast. Jetzt wird gebetet und dann schön geschlafen.« Leise macht sie das Licht aus.

Lina träumt in der Heiligen Nacht zum ersten Mal von zu Hause: Der Vater hält sie auf dem Arm und die Mutter streicht ihr übers Haar. Auch die Geschwister sind da: Liesl, Fritz, Gertrud, der kleine Emil und noch zwei ganz kleine Mädchen, deren Namen Lina nicht mehr weiß. Das Merkwürdige an diesem Traum ist, dass niemand lacht oder auch nur lächelt.

Bilder von Stetten und Lichtenstern

Schule in Stetten (Archiv Stetten)

*Kinder in Stetten, links im Bild vermutlich Lina
(Archiv Stetten)*

Lichtenstern

Speisesaal in Lichtenstern

1932 und 1933

Im Februar 1932 wird Lina in einem Bericht an die Landesfürsorgebehörde in Stuttgart, folgendermaßen beschrieben: »Liebes Kind, wohl aber etwas oberflächlich, aber doch von warmem Mitgefühl.« Auch das geringe Konzentrationsvermögen wird erwähnt. »Sie ist zufrieden mit ihrem Leben auf dem Schlossberg. Der Alltag in Stetten bereitet ihr keine Schwierigkeiten, und auch in der Schule gefällt es ihr immer besser.«

Als es wärmer wird, ist sie in jeder freien Minute draußen auf dem Spielplatz. Sie hat sich mit vielen Mädchen angefreundet, auch mit den Buben spielt sie gerne. Stundenlang fährt sie den kleinen Karl im Leiterwagen spazieren, bis der irgendwann kläglich meint: »Gell, ich darf aber auch wieder raus.« Lina fährt ihn prompt zum Bubenhaus zurück und wartet dort auf neue Mitfahrer.

Weniger lustig findet Lina die Haus- und Handarbeit. Zwar will sie auch hier überall mitmachen und vornedran sein, aber aufgrund der Lähmungen kann sie immer noch nicht gut mit der rechten Hand arbeiten. Die Tanten, auch die Krankenschwester und der Arzt zeigen ihr immer wieder, wie sie die Hand doch ein wenig benützen kann, aber da ist Lina etwas stur und will nicht. Sie hat sich zu sehr daran gewöhnt und macht lieber alles mit der linken Hand.

Die Tanten und alle erwachsenen Bewohner der Pflegeanstalt reden öfter von Adolf Hitler und dass bald alles anders werden wird. Immer wieder fällt dieser Name, und einmal sagt Lina zu ihrer Freundin: »Im Bubenhaus, da wohnt auch der Adolf, gell?«

»Ach, du bist doch ein Dummerle«, antwortet Hedwig. »Der Adolf Hitler, das ist doch kein Bub, sondern der Kanzler.«

»Was ist denn das?«, fragt Lina beeindruckt.

»Ach, so etwas wie ein Kaiser oder ein König«, sagt Hedwig etwas gelangweilt.

»Ach so, ja, aber wir wohnen auch im Schloss. Komm, wir spielen wieder Prinzessin«, meint Lina daraufhin.

Schon haben die Mädchen Wichtigeres zu tun. Hedwig kann aus Blumen schöne Kränze basteln und die beiden Prinzessinnen spazieren damit durch »ihren« Schlossgarten.

In Stetten merkt man zunächst wenig von den politischen Veränderungen, obwohl die Landeshauptstadt Stuttgart nur 15 km entfernt ist. Gelegentlich sieht man Männer in braunen Uniformen, auch Kinder scheinen diesem Trend zu folgen. Die rote Hakenkreuz-Fahne weht an manchen Stellen, zuweilen wird mit ausgestreckter Hand gegrüßt.

Das Leben in der Heil- und Pflegeanstalt geht seinen gewohnten Gang, man lebt wie in einer eigenen kleinen Welt auf dem Schlossberg. Es gibt jeden Tag genug zu tun, um die Bewohner zufriedenzustellen. Während des Sommers sind alle, die irgendwie können, im Einsatz. Selbst die Kleinsten sind beim Beeren- und Obsternten mit Feuereifer dabei. Die meisten sind stolz darauf, helfen zu dürfen und zu können, nur ein paar wenige weigern sich mitzuarbeiten. Manche sind einfach körperlich nicht dazu in der Lage.

Im Juli kommt wieder ein Brief von den Eltern in Stetten an:

Hall, den 15. Juli 1932
Sehr geehrter Hausvater Herrmann,
wir möchten einmal bei Ihnen anfragen, wie sich die Lina befindet. Vor allem ob sie im Lernen Fortschritte macht und gesund ist. Wir wollten schon längst einmal kommen, aber die schlechte Zeit erlaubt es uns nicht. Arbeit habe ich auch keine, gesund sind wir Gottlob noch, was wir auch von Lina und der ganzen Anstalt hoffen. Nun seien Sie herzlichst gegrüßt von Familie Bernhardt.
Viele Grüße an Lina.

Daraufhin schreibt Inspektor Schlaich einen Brief an die Eltern:

Sehr geehrte Frau Bernhardt,
da der Herr »Missionar« in Urlaub ist, gebe ich Ihnen einen kurzen Bericht über Lina. Sie ist seit einem Jahr in unserer Vorklasse.
Sie ist recht lebhaft, hat viele Begriffe und lernt auch verhältnismäßig leicht auswendig. Sie ist recht musikalisch und ist auch im Nachahmen, beim Legen und Bauen nicht ungeschickt. Vor allem aber hat sie eines in diesem Jahr in der Schule gelernt: sich ein-

fügen in eine Ordnung. Große Hoffnungen haben
wir allerdings nicht, dass sie je einmal viel lernen
wird. Sie ist immer noch nicht ganz reinlich, macht
aber sonst auf der Abteilung keine besondere Mühe.
Über einen Besuch würde sie sich wohl sehr freuen.
Mit freundlichem Gruß
Inspektor Schl., Stetten i.R., 21. Juli 1932

»Deine Eltern lassen dich herzlich grüßen und fragen,
wie du in der Schule mitkommst«, erzählt ihr Tante
Berta.

Lina ist erstaunt: »Vater und Mutter … Wann kommen die zu Besuch und bringen das kleine Schwesterle
mit?«, fragt sie nachdenklich. Irgendwo ganz hinten in
ihrem Gedächtnis nehmen die Eltern verschwommen
Gestalt an. Genauer sieht sie die Geschwister vor sich,
wie diese am Tor stehen und ihr hinterherwinken. »Wie
geht es Liesl, Fritz und Gertrud?«, fragt Lina plötzlich.

Tante Berta ist erstaunt über die klar formulierte Frage
und über die Ernsthaftigkeit des Kindes. »Ihnen geht es
gut, mach dir keine Sorgen mehr.«

Abwesend nickt Lina und macht sich wieder an ihre
Arbeit. Heute ist sie an der Reihe mit Tellerausteilen,
sie muss gut aufpassen, dass nur ja keiner herunterfällt.
Auch wenn die Teller nur aus Blech sind, wäre ihr das
schon peinlich. Als sie fertig ist, wird sie von Tante Berta
gelobt: »Sehr schön hast du das gemacht, du bist doch
schon ein großes Mädchen«, sagt diese liebevoll und
drückt die strahlende Lina kurz an sich.

Das restliche Jahr verläuft friedlich und ohne große

Ereignisse. Zu Weihnachten erhält Lina wieder ein Geschenk von den Eltern: einen Wollschal. Im beigelegten Brief erklären sie, dass sie sich leider nicht mehr leisten können und froh sind, wenn sie jedem Kind wenigstens eine Kleinigkeit schicken können. Von Liesl kommt eine schöne Weihnachtskarte an. Sie berichtet, dass Fritz öfters etwas anstellt und Strafe bekommen muss. Auch der Cousin August »tut nicht gut«, schreibt sie, zweimal ist er schon abgehauen …

Lina ist nun neun Jahre alt und meistens fröhlich und zufrieden. In Stetten kennt sie sich inzwischen ganz gut aus und darf ab und zu kleinere Besorgungen machen. Stolz spaziert sie mit ihrem Körbchen über das Gelände und muss natürlich jedem erzählen, was sie zu erledigen hat. So kann es vorkommen, dass sie ziemlich lange unterwegs ist, immer noch lässt sie sich leicht von allem und jedem ablenken. Solange sie pünktlich zu den Mahlzeiten wieder auftaucht, haben die Tanten kein Problem damit. »Na, Lina, hast du mal wieder ein paar Schwätzchen gehalten?«, sagen sie gutmütig. »Oh ja, der Schuster hat kleine Kätzchen«, schwärmt sie begeistert, »da bin ich gar nicht mehr weggekommen.«

Lina liebt Tiere und bedauert, dass sie nicht ein paar Kätzchen in die Abteilung bringen darf, aber da sind die Tanten streng, das geht nicht. Im Schlossgarten gibt es einige halbwilde Katzen, manche lassen sich von Lina streicheln. Genauso gerne hat sie kleine Kinder, da wird sie gleich zum Mütterchen …

»Tante Berta, ich hab heut Nacht etwas geträumt«, erzählt sie an einem sonnigen Frühlingsmorgen. »Da war ein ganz kleines Bübchen, und das hat so arg geweint, da hab ich gesagt: Du brauchst doch nicht so zu weinen, ich komm doch gleich und nehme dich in den Arm. Da hat es mich angelächelt. Gell, das war mein Brüderle? Das, wo beim lieben Heiland ist.«

Tante Berta friert plötzlich, trotz der Frühlingssonne. »Komm, Lina, heute versuchst du mal, dich ganz alleine anzuziehen«, sagt sie schnell und lenkt das Mädchen ab.

Lina leidet schon länger unter Halsschmerzen, die einfach nicht von selbst besser werden. Schließlich kommt sie ins Krankenhaus und wird an den Mandeln operiert. In der Familie Bernhardt ist dies keine Seltenheit. Fast alle ihrer Schwestern mussten diese Operation ertragen.

Im Krankenhaus weint sie oft und ist nur durch »Vorlesen« ruhigzuhalten. Als sie nach Stetten zurückkehrt, erzählt sie den anderen Kindern begeistert von der Eiscreme, die sie nach der Operation bekommen hat.

Anfang 1933 wird erneut ein Bericht an die Landesfürsorgebehörde gesandt:

Führung: Manchmal etwas eigensinnig, im Allgemeinen aber »lieb«, leicht lenkbar, ist auch reinlicher geworden. Nur geringe Fortschritte. Wird nie arbeitsfähig und aus der Anstalt entlassen werden können. Gaumen- und ein Rachenmandel wurden entfernt, sonst körperlich gesund. Intelligenzalter 5, Intelligenzquotient 0,55. Die Fürsorgeerziehung

bleibt trotz der geistigen Schwäche des Kindes be-
stehen, da der Vater ein Trinker ist und es nicht in
seinen Haushalt entlassen werden kann.

Zu dieser Zeit beginnen die Verhandlungen um ihre
weitere Unterbringung. Der Vater versucht alles, um
Lina nach Hause zu holen. Immer wieder schreibt er an
Inspektor Schlaich und äußert sich auch auf einer Ge-
richtsverhandlung entsprechend.

Auszug aus der Niederschrift über die Verhandlung des
Fürsorgeerziehungs-Ausschusses der Württembergischen
Landesfürsorgebehörde:

Auf das Kind würde Paragraf 73 des RJWG zu-
treffen, wonach die Fürsorgeerziehungsbehörde ei-
nen Minderjährigen wegen Unausführbarkeit der
Fürsorgeerziehung entlassen kann, wenn er an er-
blichen, geistigen oder seelischen Regelwidrigkeiten
leidet. Das Jugendamt Hall hat zu dieser Frage zu-
nächst den Vater vernommen. »Ich lasse das Kind
nicht länger in der Fürsorgeerziehung und verlange,
dass es in meinen Haushalt zurückgegeben wird.
Mit dem Schwachsinn des Kindes ist es gar nicht so
schlimm, man kann es gut nach Hause nehmen.« Bei
dieser Erklärung bleibt der Vater. Bernhardt, der
als Trinker bekannt und außerdem erwerbslos ist,
wohnt mit seiner Ehefrau und einem zwei Jahre al-
ten Kind in einem Zimmer des Armenhauses (Städt.
Krankenhaus Hall). Das Jugendamt bemerkte, dass

die äußerlichen Verhältnisse und auch das Verhalten der Eheleute Bernhardt sich nicht wesentlich verbessert hätten und das Zurückgeben des Kindes in den Haushalt nicht tragbar wäre.

Die Fürsorgebehörde schreibt am 21. Juli 1933 an die Anstalt in Stetten:

Das Jugendamt Hall kann eine Beurlaubung des Mädchens nicht billigen, da die Wohnverhältnisse nicht dafür sprechen und die Eltern nicht die gewünschte Gewähr dafür bieten, dass das Kind ohne starke Voreingenommenheit wieder in die Anstalt zurückkehrt. Unter diesen Umständen bitten wir von der Beurlaubung des Mädchens abzusehen.

Lina bekommt von all dem nichts mit, sie lebt zufrieden den Alltag in Stetten mit seinen Freuden und Sorgen. Ab und zu ist sie etwas bockig, Stricken mag sie überhaupt nicht. Immer wieder wird sie ermutigt, es weiter zu versuchen. Dann probiert sie es mit ihrer »armen Hand«, um das Mitleid der anderen zu erregen und sich vor dem verhassten Stricken zu drücken. Wenn das nicht hilft, kann es schon mal sein, dass das Strickzeug in die Ecke fliegt. Auch ihre Aussprache wird öfters kritisiert, vor allem soll sie langsamer und deutlicher sprechen. Das »kr« kann sie gar nicht aussprechen, so sagt Lina nicht »Ich war krank«, sondern »I wa rank«. Ab und zu gibt sie sich Mühe und spricht die Wörter fast richtig aus, aber meistens vergisst sie es wieder und plappert wild drauflos.

Lieber rennt sie draußen herum und spielt mit ihren vielen Freunden. Das ist eigentlich ganz im Sinne des Inspektors Ludwig Schlaich, der immer wieder darauf hinweist, wie wichtig es ist, dass die Behinderten sich in ihrer Umgebung wohlfühlen. Dies fördere sie mehr, als man glaubt, auch Spiel und Sport dürfen nicht zu kurz kommen. Seiner Ansicht nach sind geregelte Tagesabläufe wesentlich, denn diese geben Sicherheit und wirken heilsam.

Tante Bertas Bericht (1933) vermittelt ein anschauliches Bild von Lina:

Karoline Bernhardt, neunjährig, gehört zu den kleineren der Abteilung. Besitzt aber ein großes Geltungsbedürfnis, das sich so äußert, dass sie sich gerne vordrängelt. Auch mit ihren Gebärden versucht sie aufzufallen. Zeitweise spielt sie mit den anderen Kindern, z.B. beim Kreisspiel; da ist sie auch mit Andacht dabei. Wenn sie sich unbehaglich fühlt, ist ihr Verhalten sehr kindlich, und sie macht im übertriebenen Maße auf sich aufmerksam. Allein beschäftigt sie sich selten. Waschen und anziehen kann sie nur beschränkt. Erhält sie eine Warnung, so folgt sie im selben Augenblick; nach einiger Zeit ist es aber wieder wie vorher, so hält die Nachwirkung nicht lange an. Sie scheint bald darauf wieder gänzlich unbekümmert. Liebkosungen gegen andere Kinder sind bei ihr an der Tagesordnung. Schon nach einiger Zeit benutzt sie Redewendungen und Ausdrucksweisen von Erwachsenen.

1934

Die Buben in Stetten wollen plötzlich immer marschieren und interessieren sich für Panzer und Kampfflugzeuge. »Die spinnen«, sagen die Mädchen verächtlich, sie wollen lieber Hochzeit und Prinzessin spielen. Schließlich einigt man sich und es wird abwechselnd Krieg und Frieden gespielt.

Am 20. April ist ein Feiertag, es gibt sogar Kuchen und Kakao. »Weil der Führer Geburtstag hat«, schreit Fritz laut herum. Den meisten Kindern ist das relativ egal. Hauptsache, es gibt Kuchen und sie haben schulfrei.

Inzwischen geht das Hin und Her um Lina weiter. Der Landesjugendarzt spricht von Entlassung aus der Anstalt, da das Ziel der Fürsorgeerziehung nie erreicht werden könne (was immer auch das Ziel sein mag). Gleichzeitig solle man aber dem Vater das Sorgerecht entziehen. Außerdem wird darauf hingewiesen, dass eine Entlassung nicht erfolgen darf, bevor nicht der Antrag auf Unfruchtbarmachung gestellt und darüber entschieden wurde.

Bereits am 1. Januar 1934 trat das »Gesetz zur Verhütung erbkranken Nachwuchses« in Kraft, das die »Unfruchtbarmachung« vermeintlich »Erbranker« vorsieht. 1935 wurde das »Gesetz zum Schutze der Erbgesundheit des deutschen Volkes« erlassen. Im Oktober 1934 meldet sich ein Dr. Eyrich aus Stuttgart bei der Direktion in Stetten mit einem Antrag auf Unfruchtbarmachung:

Originalbrief von Dr. Eyrich, 11. Oktober 1934:

An die Direktion der Heil- und Pflegeanstalt Stetten i.R.

In den Anlagen übergebe ich einen Antrag auf Unfruchtbarmachung der Karoline Bernhardt, mit der Bitte, ein Gutachten des leitenden Arztes der dortigen Anstalt anzuschließen und beides dem zuständigen Erbgesundheitsgericht in Schwäbisch Hall zu übersenden.

Ich bin in meinem Schreiben vom 4.9.34 selbstverständlich davon ausgegangen, dass auch das Kreiswohlfahrtsamt der Meinung sei, es sollen anstaltsbedürftige Schwachsinnige, bei denen das Ziel der Fürsorgeerziehung nicht erreichbar ist, in Fällen, in denen wie hier die häuslichen Verhältnisse offenbar eine genügende Bewahrung nicht gewährleisten, bis zum Inkrafttreten des in Aussicht stehenden Reichsbewahrungsgesetzes auf Kosten der Minderjährigenfürsorge in den Anstalten belassen werden, um Schlimmeres zu verhüten.

Zunächst wird in kurzer Zeit verloren gehen, was bis jetzt an dem Mädchen erreicht worden ist. Es ist also der bisherige Aufwand umsonst. Früher oder später wird das schwachsinnige Mädchen aber doch wieder einer Bewahrung zugeführt werden müssen, nur in erheblich ungünstigerer Verfassung als jetzt, oder es wird auf andere Weise der Öffentlichkeit zur Last fallen – Überträgerin von Geschlechtskrankheiten nebst den notwendigen Behandlungen, sonstige

Krankenhausaufenthalte, Bettel und dergl. Polizei-
kosten u.a.m. – Kosten, die nach allen Erfahrungen
höher sind als die Anstaltsbewahrung. Von der schwe-
ren sittlichen Gefahrenquelle, die ein solches Mäd-
chen für die übrige Jugend bildet, will hier abgesehen
werden, sie lässt sich rechnerisch nicht erfassen. Zu
einem Antrag auf Entziehung des Sorgerechts fehlt
mir die Zuständigkeit. Dies wäre Sache des Kreis-
wohlfahrtsamts. Übrigens steht einer Entlassung aus
der Anstalt von seitens des Gesetzes zur Verhütung
erbkranken Nachwuchses nichts entgegen. Ich muss
in dieser Hinsicht mein Gutachten vom 4.9.34 be-
richtigen. Das Kind, das ja erst 10 Jahre alt ist, kann
nicht als fortpflanzungsfähige Erbkranke betrachtet
werden.

Med. Rat. Dr. (Unterschrift Eyrich)

»Also das ist aber ganz schön wüst geschrieben«, sagt der Anstaltsarzt erschüttert.

Die Schwester, die Lina von den Krankenhausaufent-halten noch gut kennt, schüttelt wütend den Kopf: »Was die hohen Herren in Stuttgart sich da mit ihren unglaub-lichen Gesetzen alles zusammenspinnen. Die stellen das kleine unschuldige Mädchen hin wie eine Verbrecherin, das ist eine Frechheit!«

»Pass auf, was du sagst, die sitzen immer am längeren Hebel«, mahnt der Arzt und legt den Brief zu Linas Akte.

In dem ganzen »Theater« ist der wütende Brief von Linas Vater fast untergegangen.

Originalbrief, 11. Oktober 1934:

An die Heil und Pflegeanstalt Stetten i.R.
Habe Ihr Schreiben erhalten und von dem Inhalt
desselben eingehend Kenntnis genommen. Es tut mir
Leid, in der fraglichen Sache meiner Tochter Lina
nicht Ihrer Ansicht sein zu können.
Es ist mir nicht möglich zu verstehen, warum ein
Kind, das körperlich und geistig sehr zurückgeblieben
ist, jetzt schon der Sterilisation unterzogen werden
soll. Ich glaube doch annehmen zu dürfen, dass der
Zeitpunkt dieser Unfruchtbarmachung erst dann ge-
kommen ist, wenn die Geschlechtsreife meiner Tochter
eingetreten ist. Mit meinem Wissen darf eine Sterili-
sation nicht vorgenommen werden und bitte darum,
meinen Standpunkt auch dem Gericht mitzuteilen. Es
ist mir unerklärlich, dass der Herr Jugendarzt einen
diesbezüglichen Antrag an die Landesfürsorgebehörde
gestellt haben soll, da gerade diese Behörde mir geraten
hatte, meine Tochter in Ihre Pflegeanstalt abzugeben.
Es wäre doch viel schöner und mehr nach deutscher
Art, wenn man mir klipp und klar sagen würde:
Sie bekommen Ihre Tochter aus diesem oder jenem
Grund nicht. Ich bitte daher, mir rechtzeitig den
Austrittstermin meiner Tochter mitzuteilen, damit
ich dieselbe bei Ihnen abholen kann.
Mit deutschem Gruß – Friedrich Bernhardt

Wie auch immer, Lina bleibt weiterhin in Stetten, dort
ist jetzt ihr Zuhause. Nur gelegentlich, wenn die ande-

ren Kinder aus dem Urlaub zurückkommen und von Daheim berichten, wird sie nachdenklich. Oft fängt sie dann auch zu erzählen an – irgendetwas. »Aber das ist doch nicht wahr«, sagt Tante Berta streng, »du erfindest wieder etwas.« Lina kann manchmal selbst nicht mehr zwischen ihren erfundenen Geschichten und der Wahrheit unterscheiden.

Auch ihre Träume bringen sie oft ganz durcheinander. Häufig begrüßt sie die Tante morgens mit: »Ich hab wieder was träumt …« Einmal erzählt sie: »Heut Nacht hab ich was von dir geträumt, Tante Berta. Wir beide sind mit einem großen schönen Auto gefahren – bis zu meinem Mütterle, die hat wieder ein ganz kleines Mädchen bekommen, das ist mein Schwesterchen Elsa.« Immer wieder sind die Tanten erstaunt über die fantasievollen Geschichten, die Lina erzählt. Meistens kommen Kinder darin vor und oft auch kleine Babys.

Die Pflegerinnen unterhalten sich darüber. »Vielleicht fehlen ihr die Geschwister doch mehr, als man denkt«, sagt Tante Berta. »Es ist schade, dass sie nicht wenigstens mal Besuch bekommt, darüber würde sie sich so sehr freuen.«

Ihre Kollegin nickt: »Ja, aber die Geschwister sind doch auch in einem Kinderheim, und die Eltern haben sicher kein Geld für die Zugfahrt.«

Auch in Stetten findet im Sommer ein Jahresfest statt, das nicht weniger fröhlich ausfällt wie in Lichtenstern. Das Fest beginnt mit einem morgendlichen Gottesdienst. In einem Bericht wird Linas Einstellung zur Religion folgendermaßen beschrieben:

*Ich habe Lina gefragt, warum man in die Kirche
geht, worauf sie geantwortet hat: »Weil halt Gottesdienst ist und man den lieben Gott nicht vergessen
darf.« Mit viel Gefühl spricht sie vom armen, lieben
Jesuskind und vom lieben Heiland, der gekreuzigt
wurde.*

Nach der Kirche wird gegessen und gesungen, viele verschiedene Spiele werden angeboten. Lina ist wieder ganz
aufgedreht vor Freude und spaziert mit ihren Freundinnen durch den Schlosspark. Überall sind Stände und
Tische aufgebaut. »Alles ist so schön bunt«, freut sich
Hedwig. So müsste es immer sein.

Am Abend sind die Kinder so müde, dass das Waschen
fast ausfallen muss. Total erschöpft fallen sie in ihre Betten und träumen von dem schönen Tag.

Aber der Alltag kommt viel zu schnell zurück.

In einem Bericht der Pflegerinnen (Tanten) ist Folgendes
über Lina zu lesen:

*Linas Gedächtnis für Lieder ist sehr gut. Wie es mit
ihrem Gedächtnis für Erzählungen und Erlebtes
steht, ist schwer zu sagen, da sie beim Wiedergeben
derselben allerlei dazu dichtet. Sie hat eine sehr rege
Fantasie, und da sie sehr gerne Geschichten hört,
weist dies auf geistiges Interesse hin. Auch ist Lina
sehr wehleidig und versucht, mit allem Möglichen
das Mitleid der Tanten zu erringen. Ihre Wünsche
bringt sie immer wieder in aufdringlicher Weise vor.*

Bei Spiel und Sport ist sie sehr lebhaft, auch beim Spazierengehen interessiert sie sich für alles, was sie sieht. Die Pflegerin wird von Lina bei jeder Gelegenheit umschmeichelt und auch den Mitpfleglingen gegenüber ist sie sehr aufmerksam und liebenswürdig. Sie sieht z.B. sofort, wenn an einem Kleidungsstück ein Knopf fehlt. Ist eines der Kinder krank, beweist sie ihm ihr Mitleid in übertriebenem Maße. Lina ist immer fröhlich und heiter; ich habe sie noch nie lange in gedrückter Stimmung gesehen. Sie nimmt nie etwas, ohne zu fragen, und lügt auch nicht. Sehr glücklich ist sie, wenn sie anderen eine Freude machen kann. Wollen die Kinder der Tante etwas Gutes tun, da ist sie immer zu haben. Wollen sie aber etwas Gemeines anstellen, kann Lina sagen: »Das darf man nicht, sonst ist die Tante traurig.« Wenn Lina mal etwas angestellt hat und bestraft werden soll, erschreckt sie so sehr, dass man es fast nicht mehr fertigbringt, sie zu strafen. Lobt man sie, strengt sie sich immer noch mehr an.

Inzwischen ist Lina nicht mehr die Jüngste der Abteilung, sie darf nun auf die kleine Margarete aufpassen. Darüber freut sie sich sehr und umsorgt das Mädchen liebevoll. »Gell, Marga, du bist jetzt mein Kindle«, sagt sie stolz und nimmt die Kleine bei einem Spaziergang an die Hand.

»Oh, schaut, da ist ein Flugzeug, ein Kampfflieger!«, schreit Willi plötzlich und alle Kinder starren gebannt in den Himmel. »Fliegt da der Adolf Hitler mit?«, fragt der kleine Schorschi. Willi zuckt mit den Schultern. Lina starrt immer noch in den Himmel. Ganz klein ist der Flieger schon geworden.

»Aber Lina, wo ist denn dein Kind?«, fragt Tante Beate plötzlich.

»Oh!«, Lina zuckt erschrocken zusammen und rennt los. Wo ist die kleine Marga bloß hin? Ach, da steht sie ja, unter einem Baum …

»Jetzt bist du aber erschrocken«, sagt Tante Beate. »Du musst immer auf Margarete achten und darfst dich nicht ständig ablenken lassen.«

Lina nickt stumm und schaut betreten zu Boden, gleichzeitig hält sie Margas Händchen ganz fest.

In der Schule hat Lina plötzlich Sehprobleme. Immer wieder kneift sie die Augen fest zusammen und jammert: »Kann's nicht sehn.« Schließlich spricht die Lehrerin mit dem Hausvater. »Die Lina hat was mit den Augen, sie sollte mal zum Augenarzt gebracht werden«, berichtet dieser dem Inspektor.

Und tatsächlich, an einem kühlen Morgen im November sagt Tante Berta zu Lina: »So, du gehst heute nicht zur Schule, sondern mit Tante Beate nach Stuttgart zum Augendoktor.«

»Nein, nein, nicht zum Arzt, will nicht!«, schreit Lina gleich los. Sie erinnert sich an ihren letzten Krankenhausaufenthalt, irgendwie ist es immer mit Schmerzen verbunden, wenn sie auf Ärzte trifft.

»Aber du Dummerle, das tut überhaupt nicht weh. Du darfst mit dem Zug fahren und Tante Beate kauft dir unterwegs was Gutes zu essen. Das wird dir gefallen, glaub mir.«

Beate ist noch jung und freut sich auf den Ausflug in die Stadt: »Ja, Lina, du wirst sehn, das wird ein schöner Tag für uns.« Schließlich lässt Lina sich ihren Mantel anziehen und sie machen sich auf zum Bahnhof.

Die Zugfahrt ist sehr spannend für Lina, sie klebt an der Scheibe und hat vor Staunen den Mund auf. »Nicht, dass dir noch schlecht wird«, mahnt Tante Beate besorgt.

In Stuttgart angekommen, macht Lina große Augen: »So viele Menschen und schöne Autos und diese riesigen Häuser – schau doch, Tante Beate!«, ruft sie aufgeregt. »Ja, so sieht es aus in einer Großstadt«, erklärt ihr Beate.

Endlich erreichen sie die Praxis des Augenarztes. Sofort will sich Lina hinter Tante Beate verstecken – die weißen Kittel machen ihr Angst. »Keine Sorge, kleine Madame«, sagt der Arzt freundlich, »du musst nur durch diesen Apparat schauen. Das ist alles, tut überhaupt nicht weh, ich verspreche es dir, und hinterher gibt es eine Überraschung für dich.«

Tatsächlich hat die Untersuchung nicht wehgetan. Lina hat brav in das Gerät geschaut – mal mit dem linken Auge, mal mit dem rechten, wie es der Doktor gesagt hat. Er dreht an ein paar Schrauben und Rädchen, murmelt etwas vor sich hin und schon ist es vorbei. »Das hast du aber ganz fein gemacht«, sagt er, »und jetzt bekommst du deine Überraschung.«

Lina schaut fasziniert auf die grün schimmernde Glasmurmel, die ihr der Arzt geschenkt hat. »Oh danke, Herr Doktor, so eine hab ich noch nie gesehen, die ist die aller-aller-schönste«, stammelt sie ergriffen. »Die Brille wird in zwei Wochen fertig sein«, erklärt der Arzt Tante Beate.

Und schon stehen sie wieder auf der Straße. »So, Lina, jetzt essen wir erst mal eine Brezel. Ich brauche einen Kaffee und du eine Limonade«, sagt Beate fröhlich und nimmt Lina an die Hand. »Komm, Madame, wir gehen in ein schönes Café.« Die beiden ziehen strahlend los. Was für ein wunderschöner Tag.

Zurück in Stetten, erzählt Lina noch tagelang von ihrem Ausflug in die Großstadt. Natürlich zeigt sie auch jedem ihre schöne Murmel. Neidisch meint Hedwig, sie bräuchte auch sofort eine Brille und müsse dringend zum Augenarzt.

Als die Brille schließlich da ist, dauert es einige Zeit, bis Lina sich daran gewöhnt hat. Zuerst wird ihr schwindelig damit und sie lässt sie auch ständig irgendwo liegen. Die Tanten schimpfen sehr mit ihr und erklären, wie teuer so eine Brille ist und dass sie froh und dankbar sein soll. Schließlich gewöhnen sich ihre Augen daran und sie sieht alles wunderbar klar.

Die vergessene Familie – 1937

In relativ gleichförmigen Bahnen ziehen die Tage und Wochen dahin. Die Feiertage, Feste und Geburtstage sorgen für eine willkommene Abwechslung. Lina ist immer noch ziemlich zufrieden mit ihrem Leben, sie erscheint grundsätzlich heiter und ausgeglichen. Kaum einmal macht sie unangenehm auf sich aufmerksam. Nur scheint sie etwas nachdenklicher geworden zu sein, z. B. wenn andere Kinder in den Ferien nach Hause fahren dürfen oder Besuch von Angehörigen bekommen. Ihre Träume verändern sich wohl auch in dieser Zeit.

Lina sagt eines Morgens zur Tante: »Gell, ich hab gar niemand mehr«, worauf diese energisch antwortet: »Aber Lina, was redest du denn? Du hast doch eine große Familie und deine vielen Geschwister. Und uns alle hier in Stetten hast du auch.« »Aber ich hab geträumt, ich war ganz alleine in einem leeren Raum, und da hab ich so Angst gehabt.« »Ach Kindchen, das war nur ein böser Traum«, tröstet die Tante schnell.

An einem Sonntag im August sitzt Lina mit Karlchen im Sandkasten und backt Kuchen. Plötzlich kommt Tante Berta angerannt und keucht atemlos: »Lina, da bist du ja! Ich hab dich schon gesucht. Denk nur, wer da ist und dich besuchen will!«

»Mich will jemand besuchen?«, fragt Lina erstaunt und steht schnell auf.

»Ja, denk mal, dein Vater ist da und eine Tante. Schnell,

wisch dir die Hände ab und komm mit, sie warten im Saal auf dich.«

Lina trabt langsam hinter Tante Berta her. Sie versteht zwar, was es bedeutet, Besuch zu bekommen, aber das gab es für sie hier noch nie …

Im Saal wartet ein großgewachsener dunkelhaariger Mann mit einem Schnauzbart. Er hat einen dunklen Anzug an, aber ohne Kragen und Einstecktuch. Eine kleine ältere Frau steht neben ihm, die ganz komisch aussieht – irgendwie stimmt etwas mit ihrem Mund nicht.

»Ja Lina, endlich sehe ich dich einmal wieder«, sagt der Mann und will auf sie zugehen. Er merkt, wie erstaunt Lina ist, und setzt noch hinzu: »Gell, du kennst mich gar nicht mehr.«

Lina schüttelt nur stumm den Kopf. Ungewohnt schüchtern will sie sich hinter Tante Berta verstecken.

»Aber Lina, nun komm«, sagt diese, »du bist doch kein kleines Kind mehr. Dein Vater und die Tante sind extra wegen dir so weit gefahren, jetzt gib aber mal beiden die Hand.« Sie schiebt Lina vor sich her. »Na ja, sie fremdelt halt jetzt erst mal. Hmm, Lina?«

»Du bist wirklich so ein großes Mädel geworden«, staunt der Vater. »Wie alt bist du denn jetzt?«, fragt die komische Tante.

Lina zuckt nur mit den Schultern, mit Zahlen hat sie es nicht so, die kann sie sich nie merken. »13 Jahre ist Lina schon«, meldet sich Tante Berta.

Sie setzen sich an einen Tisch. Tante Berta holt Tee und ein paar Marmeladenbrote für die Reisenden. Dankbar greifen die beiden zu und unterhalten sich mit der Tante. Lina sitzt daneben und hört angestrengt zu.

»Es ist eine Not in der heutigen Zeit«, beginnt der Vater, »wir wollten schon so lange mal kommen und die Lina besuchen, aber es war uns einfach finanziell nicht möglich. Es ist eine weite Reise von Schwäbisch Hall hierher. Meine Frau konnte nicht mitkommen, die ist im Krankenhaus.«

»Ach, das tut mir aber leid. Was hat sie denn?«, fragt Tante Berta.

»Ja, wissen Sie«, seufzt der Vater, »das ganze Elend mit den Kindern. Jetzt haben sie auch noch die drei Kleinen weggeholt. Meine Frau hat dann nur noch getrunken vor Kummer, ich musste sie ins Diak bringen. Es ging nicht mehr anders, jetzt muss sie erst mal bis nächstes Jahr dort bleiben.«

»Gott wird ihr die Kraft schenken, das durchzustehen«, sagt Tante Berta leise.

»Ach wissen Sie, wir haben einfach keine Chance mehr«, meint der Vater, »die haben uns ständig im Visier. Dabei war ich im Krieg und hab immer versucht, es allen recht zu machen. Aber die Herrschaften halten sich nun mal für die Führer, da hat ein armer mittelloser Bürger nichts zu melden, die machen doch mit einem, was sie wollen.« Plötzlich schmunzelt er und erzählt weiter: »Neulich war einer vom Rathaus bei uns, so ein geschniegelter Fatzke von der Partei. Wir wollten gerade zu Mittag essen. Meine Frau meinte dann: ›So, zuerst müssen wir noch beten.‹ Ich hab mich schon gewundert, sonst betet sie ja auch nie. Aber das war ein besonderes

Gebet, es ging so: ›Komm, Adolf Hitler, sei unser Gast und gib uns das, was du uns versprochen hast. Nicht nur Kartoffel und Hering, sondern was du frisst und der Göring. Amen.‹«

Tante Berta hält sich die Hand vor den Mund und prustet laut los. Schnell sieht sie sich um, ob nicht noch jemand im Saal ist.

»Da ist der feine Herr vom Rathaus aber ab wie ein Stuka«, lacht der Vater, »knallrot ist der geworden und hat nur so die Tür zugeschmissen. Meine Frau hat einen riesigen Hass auf diese ganze Bande, und das ist ja auch kein Wunder. Dieser Unsinn mit den Rassegesetzen: Seit wann ist denn jemand mit dunklen Haaren weniger wert als ein Blonder? Das ist doch eine himmelschreiende Frechheit! Wir sind doch alles echte Deutsche. Im Krieg hat auch niemand nach meiner Haarfarbe gefragt, da war ich gut genug.«

»Was machen denn die anderen Kinder, die Älteren?«, lenkt Tante Berta ab. Ihr sind solche Reden nicht ganz geheuer, man muss aufpassen, was man sagt.

»Die Liesl war in Stellung bei einer Bäckerfamilie in Heilbronn«, berichtet der Vater, »das hat ihr gut gefallen. Sie hat mich auch ein paarmal in Hall besucht. Wir waren froh, dass sie gut untergebracht war. Aber dann ist ein Unglück passiert.«

»Was ist denn geschehen?«, fragt Tante Berta.

»Die Liesl hat mit flüssigem Wachs die Treppe gebohnert, dann ist das alles irgendwie in Brand geraten und sie hat sich ganz schlimm verbrannt. Das arme Mädchen liegt jetzt im Krankenhaus und ist ganz und gar eingewickelt. Sie ist nicht mehr in Lebensgefahr, aber das ist nicht einfach für das arme Kind. Es werden sicher Narben und sonstige Gebrechen zurückbleiben. So ein junges Mädchen, das ist arg schlimm für sie. Der Doktor hat verboten, dass man ihr einen Spiegel gibt. Diese Woche muss ich noch mal hin und nach ihr schauen.«

»Ach, ach, das ist aber auch wirklich ein Unglück, vor allem für so ein junges hübsches Mädel.« Tante Berta schüttelt betrübt den Kopf.

»Und der Fritz kommt nun zu einem Bauern gleich bei Hall, ich bin froh, dass er in meiner Nähe bleibt. Gertrud und Friedel sind in Lichtenstern, die besuchen wir öfters, das ist ja nicht so weit«, beendet der Vater seinen Bericht.

»Die Gertrud fragt immer mal wieder nach dir, Lina«, wendet er sich nun an seine Tochter. »Gertrudle«, sagt Lina andächtig. »Ja, gell, an die kannst du dich noch erinnern«, lächelt der Vater und streichelt Lina übers Haar. »Die drei kleinen Kinder sind hier in der Nähe im Kinderheim, dort schauen wir später auch noch vorbei. Es ist nicht leicht«, seufzt der Vater, »aber ich bin froh, dass die Anna mir im Haushalt hilft. Sie ist meine Base«, fügt er erklärend hinzu. »Du wirst auch bloß überall schikaniert, wegen deinem Wolfsrachen, gell Anna«, sagt er zu der fremden Frau. Sie nickt nur traurig mit dem Kopf.

»Gehen Sie doch ein bisschen mit Lina spazieren«, schlägt Tante Berta vor. »Lina, du kannst deinem Besuch doch mal alles zeigen, die Schule und das Mädchenhaus – was meinst du?«

Lina ist gleich begeistert, schließlich ist es furchtbar

wichtig, Besuch zu haben, und inzwischen ist sie auch etwas aufgetaut.

Eifrig führt sie den Vater und die fremde Tante herum und plappert schon wieder munter drauflos. Jedem, dem sie begegnen, stellt sie ihren Besuch vor. »Die sind extra ganz weit gefahren, um mich zu besuchen«, erklärt sie wichtig. Schließlich spazieren sie durch den sonnendurchfluteten Schlosspark, der Vater hat seinen Arm um Lina gelegt.

»Du weißt ja noch gar nicht, dass du noch ein Schwesterchen und ein Brüderchen bekommen hast«, sagt der Vater. »Elsa und August heißen sie und sind noch ganz klein«, erzählt er.

»Doch, das weiß ich«, schreit Lina schnell, »von Elsa hab ich geträumt!«

»Aber das kann doch nicht sein«, sagt der Vater, »das hat dir sicher jemand erzählt.«

»Nein«, protestiert Lina trotzig, »und vom kleinen Brüderchen, wo gestorben ist, träume ich auch oft. Sag mir noch mal, wie sie alle heißen, bitte!«

Der Vater muss tatsächlich nachdenken und beginnt zögerlich: »Zuerst die Liesl, dann der Fritz, dann du, nein, halt, der Karl, der gestorben ist und dann du, die Gertrud, der Emil, Frida, Hanna, Elsa und der August. Zehn Kinder und keines ist mehr bei mir zu Hause«, murmelt er leise und traurig. Lina greift nach seiner Hand und drückt sie. »Dich tät ich am liebsten mitnehmen«, meint er lächelnd, »so ein großes Mädel wie dich könnt ich zu Hause gut gebrauchen, du könntest mir viel helfen. Du bist bestimmt ein ganz fleißiges Kind.« Lina nickt eifrig.

»Ach, ich hab dir ja noch gar nicht erzählt, was Gertrud in Lichtenstern wieder angestellt hat!«, sagt der Vater schmunzelnd. »Stell dir vor, sie hat sich so über die Tante Sofie geärgert, dass sie ihr Reißnägel unters Kissen gelegt hat. Als die Tante sich auf den Stuhl gesetzt hat, ist sie sofort aufgesprungen, weil sie ihr alle in den Hintern gepiekst haben.«

Lina will sich vor Lachen fast kugeln. »Gertrudle so lustig«, japst sie begeistert. »Aber das darf man doch nicht«, fügt sie schnell hinzu.

»Natürlich nicht, und die Tante war auch ziemlich böse. Zuerst wusste sie ja nicht, wer das getan hatte. Deshalb hat sie gesagt, dass der Jahresausflug für alle Kinder gestrichen wäre, wenn sich die Schuldige nicht meldet. Das war der Gertrud dann doch zu arg – das wollt sie auch nicht, sie hat sich dann gemeldet. Natürlich hat sie Schläge bekommen, aber wenigstens durfte sie zum Ausflug mitkommen«, grinst der Vater.

»Oh, das hat aber bestimmt wehgetan, dem Gertrudle, aber auch der Tante«, sagt Lina und muss schon wieder lachen.

Lina zeigt den beiden das Mädchenhaus, die Schule und natürlich auch das Schloss. Inzwischen ist es längst Nachmittag geworden, der Vater schaut am Uhrenturm hoch. »Schon fast vier Uhr, wir müssen los, denn wir wollen ja noch die drei Kleinen in Waiblingen besuchen. Da können wir nicht erst bei Nacht und Nebel auftauchen. Die Heimfahrt dauert ja noch lange genug.«

»Oh, da will ich aber auch mitkommen«, ruft Lina und klammert sich am Arm des Vaters fest.

»Das wird nicht gehen«, meint er, »wir fahren von dort gleich zurück nach Hall.«

»Ja, wir müssen ganz lange mit dem Zug fahren«, meldet sich Anna auch einmal zu Wort. »Aber wir werden mit deiner Tante Berta reden, ob du nicht mal nach Waiblingen darfst, zu deinen Geschwisterchen.«

»So, Lina, jetzt müssen wir Abschied nehmen«, sagt der Vater, als sie wieder am Pförtnerhaus stehen.

Inzwischen haben er und Anna mit Tante Berta gesprochen. Sie meinte, sie werde sich beim Inspektor dafür einsetzen, Lina einen Besuch bei den drei Geschwistern zu ermöglichen. Natürlich könne sie dies nicht allein entscheiden, aber da das Kinderheim nur ein paar Kilometer entfernt ist, müsste dies sicher möglich sein.

Der Vater sieht sehr unglücklich aus. Lange drückt er seine Tochter an sich. Tante Anna streicht ihr über den Kopf und murmelt etwas von Gottes Segen.

»Kommst du bald wieder?«, fragt Lina.

»Das wird nicht so einfach«, antwortet der Vater, »aber wir werden schauen, dass wir zu deiner Konfirmation kommen können. Vielleicht darfst du ja doch bald nach Hause, ich geb die Hoffnung nicht auf. Wenn die Mutter aus dem Krankenhaus kommt und es ihr wieder gut geht, gibt's keinen Grund mehr, der dagegen spricht.«

Das versteht Lina nicht ganz – zu Hause ist doch hier in Stetten. Aber sie sagt nichts dazu.

»Wie gern hätte ich dich gleich mitgenommen«, meint der Vater traurig. »Nun sei schön brav und vergiss uns alle nicht.«

Dann steht Lina wieder einmal da und winkt – so lange, bis sie die beiden Gestalten nicht mehr sehen kann.

Tante Berta hält ihr Versprechen und redet mit dem Inspektor. Tatsächlich wird erlaubt, dass Lina ihre Geschwister in Waiblingen besucht. Sie ist natürlich sehr aufgeregt und freut sich auf die ungewohnte Abwechslung. Jeden Tag fragt sie, wann denn nun endlich der Besuchstag sei.

Schließlich ist es so weit und Lina fährt mit Tante Beate zum Kinderheim. Eine Frau in steifer Schwesterntracht führt die beiden durch das Gebäude, vorbei an einem Saal mit kleinen weißen Bettchen. Dort sind die jüngsten Kinder untergebracht.

»Oh, so viele Kinderchen«, staunt Lina. Sie bleibt neugierig an einem Fenster stehen und schaut begeistert in einen Raum mit zahlreichen Babybettchen.

»Komm nur weiter«, sagt die Schwester und nimmt Lina bei den Schultern, »deine Schwestern sind im anderen Zimmer, bei den größeren Kindern. Deinen Bruder hat schon ein Ehepaar aus A. abgeholt, der ist nicht mehr hier.«

»Oh, oh«, sagt Lina und wackelt vor Aufregung mit dem Kopf hin und her.

Die Schwester blickt ihr ernst ins Gesicht. »Verstehst du überhaupt, was ich dir sage?«, fragt sie in energischem Ton. Kopfschüttelnd meint sie zu Beate: »Das Mädchen ist doch nicht richtig im Kopf, oder? Die ist doch schwachsinnig. Was für ein unnötiger Aufwand!«, setzt sie kalt hinzu.

Beate entgegnet sichtbar wütend: »Wir möchten nun bitte die beiden Bernhardt-Mädchen sehen, wenn's recht ist. Alles andere hat Sie nicht zu interessieren.«

Sie betreten einen großen Raum mit etlichen Kindern. Einige spielen mit Bauklötzchen und Tellerchen aus Holz; das ist auch schon alles, was an Spielsachen vorhanden ist. Die Schwester schnappt sich ein ungefähr sechsjähriges Mädchen mit Rattenschwänzen und einem trotzigen Gesichtsausdruck. »So, das ist Johanna«, sagt sie schroff und stellt das Kind vor Beate und Lina ab. Dann zieht sie ein kleineres Mädchen mit dunklen Haaren und großen ängstlichen Augen herbei: »Und das ist Elsa. Bitteschön«, setzt sie eiskalt hinzu und rauscht davon.

Zuerst mustern sich die drei argwöhnisch, doch dann kniet sich Lina zu den beiden ängstlichen Kindern hinunter und flüstert mit ihnen. Auch Beate setzt sich dazu und sagt freundlich: »So, ihr zwei, das ist die Lina, eure große Schwester.« Da hat Lina auch schon beide geschnappt und drückt sie an sich. »Schwesterle«, sagt sie zärtlich. Beate ermahnt sie, nicht so heftig zu sein: »Die kennen dich doch gar nicht, du erschreckst sie nur.«

»Lass los!«, schimpft Hanna auch schon und befreit sich aus Linas Umarmung. Elsa scheint nichts dagegen zu haben, sie steckt den Finger in den Mund und schaut interessiert an Lina hinauf. Schließlich spielen die Geschwister mit den wenigen Bauklötzchen; Lina versucht, einen Turm für sie zu bauen.

Hanna fragt: »Wo is d Papa?« Lina zuckt mit den Schultern. »Hes, hes«, schreit Elsa dazwischen. »Sie will was zu essen«, erklärt Hanna. Da fällt Beate der Kuchen ein, den sie eingepackt hat. Er ist rasch verteilt und genauso schnell verschlungen. Die Mädchen schlecken sich die Fingerchen ab und Elsa strahlt Beate an. »Bleibt ihr jetzt hier?«, fragt Hanna hoffnungsvoll. »Nein, nein … wir müssen wieder gehen, der Bus fährt bald«, sagt Beate traurig. »Aber ich kann die beiden doch nicht hierlassen bei der bösen Frau«, entsetzt sich Lina und drückt die Mädchen wieder an sich. Dieses Mal wehren sie sich nicht. Elsa lehnt sich gemütlich an Lina, und auch Hanna lässt sich die Liebkosungen gefallen. Beate bricht es fast das Herz, die Geschwister so zu sehen.

Am Ende des Raumes sitzt eine ältere Frau und strickt. Beate unterhält sich ein bisschen mit ihr und ist ziemlich erleichtert, als diese erzählt: »Die beiden Mädchen werden nicht mehr lange hierbleiben. Es haben sich schon zwei Familien gemeldet, die sie nehmen wollen. Leider können sie nicht zusammenbleiben, aber alles ist besser als das hier.« Beate nickt stumm, die vielen Kinder tun ihr unendlich leid.

»Wir müssen gehen«, sagt sie zu Lina, als es Zeit ist aufzubrechen. »Bitte verabschiede dich langsam von deinen Schwestern. Aber du brauchst dir keine Sorgen um sie zu machen, sie werden bald von lieben Leuten abgeholt. Dann haben sie es gut, glaub mir.«

Lina nickt ganz ruhig und drückt jeder Schwester noch schnell einen Kuss auf die Wange. Stumm stehen die beiden nebeneinander und schauen traurig aus. Beate fragt sich, ob es so eine gute Idee war, Lina hierherzubringen – wo sie nun gleich wieder gehen muss.

»Das Leben ist nicht gerecht«, murmelt sie leise vor sich hin.

Auf dem Heimweg fragt Lina: »Warum war die Frau so böse zu mir? Nur weil ich ein bisschen langsamer bin? Und was ist schwachsinnig?«

Beate seufzt: »Manche Menschen sind einfach böse, und noch dazu sehr leicht zu beeinflussen.« Lina sieht sie fragend an, das hat sie überhaupt nicht verstanden. »›Schwachsinnig‹ ist ein dummes Wort. Wir sagen lieber ›behindert‹, und das bedeutet eben, wie du schon sagtest, dass du etwas langsamer lernst als andere.«

Nachdenklich kommen beide wieder in Stetten an und alle wundern sich, dass Lina entgegen ihrer sonstigen Art kaum etwas von dem Besuch bei den Schwestern erzählt.

»War es nicht schön im Kinderheim?«, fragt Tante Berta erstaunt. Lina schüttelt nur mürrisch den Kopf. Beate erzählt ihrer Kollegin von dem Besuch und fügt hinzu: »Ich hab mich dabei gar nicht wohlgefühlt. Es ist einfach nicht recht, eine Familie so auseinanderzureißen.«

Dunkle Zeiten – 1938

Lina entspricht in keiner Weise dem Idealbild des »deutschen Mädels« und die Zeit, in der sie lebt, könnte ihr gar nicht feindlicher gesinnt sein.

1933 wurde ihr noch ein IQ von 55 bescheinigt, was einer leichten geistigen Behinderung entspricht. In den darauffolgenden Berichten wird der Ton zunehmend härter und der IQ beträgt plötzlich nur noch 45, was einer mittelgradigen Intelligenzminderung nahekommt.

In Linas Akte taucht allerdings nirgends ein IQ-Test auf. Die Berichte über sie sind generell etwas verwirrend und scheinen widersprüchlich. Einerseits wird ihr eine rege Fantasie zugestanden, dann aber wieder wird von geringer Vorstellungskraft gesprochen.

14. April 1938
An das Kreiswohlfahrtamt Schwäbisch Hall
Dr. Gm./L.
Betr. Minderjährigenfürsorge für Karoline Bern-
hardt, geb. 25.02.1924, Hall-Steinbach
Karoline Bernhardt ist eine Schwachsinnige in einem
Intelligenzzustand von 45, also in einem Grade der
Verfassung ihres Geisteszustandes, dass man im Vor-
aus sagen kann, dass man von ihr nie durchschnitt-
liche, sondern stets unterdurchschnittliche Leistungen
erwarten kann. Sie war stets ein liebes Kind, etwas
oberflächlich, von geringem Vorstellungs- u. Konzen-
trationsvermögen und hat in der Schule nur geringe

Fortschritte gemacht. Also wird sich die Frage der Erlernung eines Berufes ohne weiteres mit »nein« beantworten lassen. Wir halten es für zweckmäßiger, wenn sie zunächst weiterhin hier bleibt, es sei denn, dass das Kreiswohlfahrtsamt Schwäbisch Hall irgendeinen geeigneten Platz für sie finden würde.

Dass sie nicht mit der rechten Hand schreiben kann, ist plötzlich auch wieder ein Problem. »Ein deutsches Mädel schreibt mit der rechten Hand«, heißt es jetzt. Lina hat so mühsam mit der linken Hand geübt und bringt mittlerweile ganz ordentlich geschriebene Sätze zustande, wie eine Schriftprobe in der Akte zeigt. Nun soll das mit einem Mal nicht mehr richtig sein.

Auch die dunklen Haare, die in der Familie Bernhardt ziemlich häufig vorkommen, gelten plötzlich als minderwertiger. »Die ›Blonden‹ sind die Herren«, kommandiert Karlchen, wenn die Kinder mal wieder im Schlosshof marschieren. »Das ist ein ganz blödes Spiel«, maulen die Mädchen. »Da machen wir gar nicht mehr mit.«

Linas gleichaltrige Freundinnen werden nun zu »nützlichen« Arbeiten herangezogen. Sie sollen möglichst etwas lernen, um »ihr Brot mal selbst verdienen zu können«. Bei Lina wird lange überlegt, wohin man sie schicken könnte, in welchem Handwerksbetrieb auf dem Schlossgelände sie nützlich sein könnte. Vor allem wegen ihrer rechten Hand sind die Möglichkeiten sehr beschränkt. Erst mal bleibt alles wie gehabt und sie geht weiter zur Schule.

Bereits im Oktober 1934 hatte Dr. Eyrich einen Antrag auf »Unfruchtbarmachung« gestellt. Er war etwas voreilig gewesen, da Lina damals erst zehn war. Mittlerweile ist sie 14 Jahre alt und die »Schonfrist« ist endgültig vorbei.

»Heute fahren wir wieder nach Waiblingen«, verkündet Tante Beate ihr eines Morgens im September.

»Zu meinen Schwesterchen?«, fragt Lina erstaunt. Sie merkt gleich, dass das nicht sein kann: »Die sind doch aber von guten Leuten abgeholt worden.«

Beate geht nicht darauf ein: »Komm, zieh dich rasch an. Nein, nicht die Alltagskleider, sondern dein schönes neues Kleid.«

Lina ist zwar etwas verwirrt, aber die Aussicht auf einen Ausflug und sogar eine Autofahrt lassen sie ihre Bedenken schnell vergessen.

Schließlich sitzt sie im Auto neben der Tante. Beate hat eine große Tasche dabei und macht ein betretenes Gesicht.

»Was ist denn da drin, und wohin fahren wir jetzt?«, fragt Lina ungeduldig.

»Das siehst du dann schon«, ist die kurze Antwort.

Der Wagen hält vor einem großen Gebäude und Lina fängt schon an zu zittern, als sie durch den Eingang gehen. »Nein, nein, nicht ins Krankenhaus, ich hab doch nichts, ich bin doch gesund!«, schreit sie panisch und klammert sich an Beate fest. Zu gut erinnert sie sich an frühere Krankenhausaufenthalte und an die damit verbundenen Schmerzen. Schon wird sie von zwei Krankenschwestern festgehalten und Tante Beate ist verschwunden. »Beate, Beate, bleib! Lass mich nicht hier!«, schreit Lina. Beate rennt zur Eingangstür hinaus und hält sich die Ohren zu.

Im Auto macht sie ihrem Kummer Luft: »Ich weiß wirklich nicht, ob ich noch so weitermachen kann und will«, seufzt sie. »Das ist doch nicht mehr richtig, das arme Mädchen so zu quälen. Wozu das alles?«

Der Fahrer antwortet mürrisch: »Das ist besser so, dass man die Idioten unfruchtbar macht, es hat eh schon genug davon.«

Leider sind immer mehr Menschen in Deutschland dieser Meinung, seit Hitler vom »arischen« Menschen träumt. Das deutsche Volk soll nicht länger durch die »Verunreinigung« seines Erbgutes bedroht, sondern durch gezielte »Auslese« zu Höherwertigem gezüchtet werden, so die Ideologie des nationalsozialistischen Rassenwahns. Auf Propaganda-Plakaten werden behinderte oder psychisch kranke Menschen als nutzlose Esser und als Bedrohung dargestellt. Sprüche wie »Alles Kranke ist Last« und »Nur der Starke soll überleben« werden verbreitet. Körperlich oder geistig Behinderte werden als »unwertes Leben« eingestuft und alles, was nicht ins Weltbild der Nationalsozialisten passt, soll »ausgemerzt« werden.

Lina wird erst mal ruhiggestellt. Der Oberarzt Dr. Pröhlmann hat sie schnell untersucht, davon bekam Lina gar nichts mehr mit.

Eine gängige Methode der Zwangssterilisation ist zu dieser Zeit die Entfernung der Eierstöcke, was natürlich eine Vollnarkose erfordert. Als Lina am nächsten Tag langsam erwacht, bemerkt sie, dass sie nicht in Stetten in ihrem Bett liegt, sondern im Krankenhaus. Alles tut ihr weh, außerdem ist ihr von der Narkose fürchterlich schlecht. Leise heult sie vor sich hin, der ganze Unterleib brennt wie Feuer. Sie versteht überhaupt nicht, was mit ihr gemacht wurde. Sie war doch gesund? Immer wieder ruft sie nach Beate oder nach Tante Berta. Die Krankenschwestern geben ihr etwas zur Beruhigung; sie haben schließlich noch mehr zu tun und können sich nicht andauernd um die »kleine Irre« kümmern.

Alles wurde so gemacht wie angeordnet:

Staatliches Gesundheitsamt Schwäbisch Hall – 29.08.1938
An die Leitung der Heil- und Pflegeanstalt Stetten i.R.
Betreff: Karoline Bernhardt, geb. am 25.02.1924 in Hall-Steinbach
Bei Karoline Bernhardt wurde schon am 20. Okt. 1934 vom Erbgesundheitsgericht Hall wegen angeborenen Schwachsinns die Unfruchtbarmachung angeordnet. Dieser Beschluss konnte seinerzeit jedoch noch nicht durchgeführt werden, weil die Karoline Bernhardt das 14. Lebensjahr noch nicht überschritten hatte. Nachdem sie dieses Alter jetzt erreicht hat, bitte ich für Durchführung dieses Eingriffes innerhalb 14 Tage. Die Rechtskraftbescheinigung lege ich bei mit der Bitte um Rückgabe. Ebenso bitte ich, mir

die ärztlichen Berichte über die vollzogene Unfrucht-
barmachung zukommen zu lassen.
Der Amtsarzt (Unterschrift nicht lesbar)

Die kurze Antwort aus Stetten auf das Schreiben vom
29.08.1938:

Betreff: Karoline Bernhardt
Unter Rückgabe der Rechtskraftbescheinigung des
Beschlusses teilen wir Ihnen mit, dass Karoline Bern-
hardt in der Zeit vom 6. bis 19. September 1938 im
Krankenhaus Waiblingen sterilisiert worden ist.

Lina kämpft immer noch mit Schmerzen und Einsam-
keit im Krankenhaus. Vor Krankenschwestern hat sie
sowieso einen ziemlichen Respekt und traut sich kaum,
sie anzusprechen.

Endlich kommt Beate zu Besuch und bringt saubere
Kleidung und ein paar Äpfel mit. Lina freut sich sehr
und will gleich ihre Sachen packen, um mit nach Hause
zu fahren.

»Nein, du musst noch hierbleiben, Lina, die Narben
müssen erst richtig ausheilen«, erklärt Beate.

Wieder einmal fragt Lina: »Warum bin ich denn
hier? Was haben die denn operiert? Ich war doch gar
nicht krank.« Vom Krankenhauspersonal hat sie nie
eine Antwort darauf bekommen. Brav soll sie sein und
Ruhe geben – das war alles, was sie darauf zu sagen
hatten.

»Da musste etwas in Ordnung gebracht werden in

deinem Bauch, das verstehst du nicht«, ist Beates ausweichende Antwort.

So ähnlich hat auch Dr. Pröhlmann geantwortet, worauf Lina gesagt hat: »Da war doch vorher alles in Ordnung – jetzt nicht mehr!« Sie solle nicht frech werden, hat der Doktor nur gemeint.

Beate muss auch gleich wieder los. »Ich komme bald und hole dich wirklich ab, so lange musst du noch aushalten«, verspricht sie.

Langsam fühlt sich Lina besser und ihr wird langweilig. Immer wieder geht sie den Schwestern auf die Nerven mit ihrem Jammern; niemand hat hier Zeit für sie. Im Bett neben ihr liegt ein kleines Mädchen, das an den Mandeln operiert wurde. Susi weint und weint und jammert nach ihrer Mutti. Nun hat Lina eine Aufgabe, die sie ablenkt. Stundenlang sitzt sie am Bett der Kleinen und streichelt tröstend ihre Hand. Schließlich beruhigt sich das Kind und schläft endlich auch ein. »Das ist aber schön, dass du nach dem Mädchen schaust«, freut sich die strenge Schwester. »Da bist du ja doch noch zu etwas zu gebrauchen, wer hätte das gedacht«, fügt sie kühl hinzu.

Lina lässt sich nicht entmutigen. Sie erzählt der kleinen Susi von Elsa und Hanna, ihren Schwesterchen: »Die sind auch ganz alleine bei fremden Leuten.« Susi ist beeindruckt und vergisst das Weinen.

Am Nachmittag kommt Susis Mutter zu Besuch, das ist eine Freude. Susi will sie gar nicht mehr loslassen. Schließlich flüstert sie ihr ins Ohr: »Die Lina ist immer lieb zu mir.«

Sogleich bedankt sich die Frau bei Lina: »Das ist sehr lieb von dir, dass du nach meiner Kleinen schaust. Sie war noch nie von zu Hause weg, deshalb hat sie Angst hier im Krankenhaus.« Lina nickt nur, das kann sie gut verstehen.

Am nächsten Tag bringt Susis Mutter Süßigkeiten und ein großes buntes Buch mit. »So, da habt ihr Mädchen was zum Anschauen«, sagt sie freundlich und teilt die Köstlichkeiten zwischen Lina und Susi auf.

Lina ist begeistert, vor allem von dem Märchenbuch. Richtig lesen kann sie zwar nicht, nur ein paar kurze Wörter bringt sie zusammen. Aber die Bilder reichen, um ihre Fantasie zu beflügeln; sie denkt sich selbst Geschichten dazu aus. Susi hört sehr gespannt zu. Die beiden sind so vertieft, dass sie gar nicht bemerken, wie die Ärzte zur Visite kommen. Erst als Dr. Pröhlmann an Linas Bett stehen bleibt und ihr energisch die Decke wegzieht, schauen sie erschrocken auf.

»Nun ja, das sieht gut aus«, sagt er mit einem Blick auf die Narbe an ihrem Unterbauch. Lina starrt ihn finster an. Sie mag diesen Mann nicht, der sie immer wie Luft behandelt. »Die kann morgen heim«, sagt er. Das allerdings freut Lina sehr, sie strahlt – endlich. »Heil Hitler«, grüßt der Arzt beim Verlassen des Saals. Lina streckt ihm heimlich die Zunge raus, nur Susi hat's gesehen und fängt an zu kichern.

Am nächsten Tag nehmen die Mädchen Abschied voneinander, auch Susi darf bald nach Hause gehen. »Ich besuch dich in Stetten«, verspricht sie, ihre Mutter nickt und gibt Lina die Hand. »Ja, Lina, wir wohnen nicht weit weg vom Schloss in Stetten, wir besuchen dich ganz bald, das ist versprochen.«

»Siehst du«, sagt Beate, als sie mit Lina das Krankenhaus verlässt, »jetzt hast du sogar neue Freunde gefunden und bekommst bald mal Besuch, da hat sich der Krankenhausaufenthalt wenigstens gelohnt.«

Endlich wieder zu Hause, denkt Lina, als sie in Stetten ankommen. Zwar hat sie immer noch nicht verstanden, was im Krankenhaus mit ihr passiert ist, aber sie versucht, nicht mehr daran zu denken.

Ihre Freundin Marga ist schon 18 Jahre alt und kennt sich sehr gut aus, vor allem mit Männern und Frauen und allem, was dazugehört. »Die haben gemacht, dass du keine Kinder bekommen kannst«, erklärt sie Lina schonungslos. »Der Führer hat entschieden, dass das mit allen Idioten so gemacht wird. Bei mir haben sie das auch schon lang gemacht.« »Ja, aber die Kinder kommen doch vom lieben Gott – und nur, wenn man verheiratet ist«, sagt Lina ernsthaft. »Klar, du glaubst wahrscheinlich auch noch an den Weihnachtsmann und den Osterhasen.« Marga hakt sich bei Lina ein. »Komm mit, wir gehen spazieren, dann erkläre ich dir mal so einiges.«

So erhält Lina eine anschauliche Aufklärungsstunde. Kopfschüttelnd hört sie Marga zu, so ganz kann sie ihr nicht glauben, aber irgendwie klingt es trotzdem logisch. Lina beschließt, das alles erst mal für sich zu behalten.

Am Abend ist sie sehr bedrückt und macht einen unglücklichen Eindruck, sodass Tante Beate doch einmal nachfragt, was mit ihr los sei. »Ist halt schon schade, dass ich nie ein Mütterchen sein werde«, sagt Lina leise und drückt ihre Puppe an sich. Die Tante ist sehr erschrocken und weiß erst mal keine Antwort.

Später spricht Beate ihre Kollegin darauf an: »Die Lina kriegt doch weitaus mehr mit, als man denkt. Das hätte ich nicht gedacht, dass sie weiß, was mit ihr gemacht wurde.«

»Ja, da hast du recht – sie merkt vieles ganz genau«, bestätigt Berta. »Nur gut, dass bald Weihnachten ist. Damit kann man sie gut ablenken, auch wenn sie jetzt nicht mehr an den Weihnachtsmann glaubt.«

Wenige Wochen später, im November 1938, brennen in ganz Deutschland die Synagogen. Jüdische Geschäfte werden demoliert, mit Parolen beschmiert und geplündert. Juden werden aus ihren Wohnungen geholt, misshandelt, verhaftet oder getötet. Ihr Hab und Gut wird beschlagnahmt.

Die Bewohner der Anstalt Stetten ahnen zu dieser Zeit noch nicht, was für eine Lawine auf sie zurollt.

1939/40

Die Begeisterung für Adolf Hitler hält an und der Ruf nach Krieg ebbt auch im Frühjahr 1939 nicht ab. Hitler spricht von der Eroberung neuen Lebensraumes, das deutsche Volk soll sich ausbreiten können.

Im September ist es dann so weit, deutsche Soldaten marschieren in Polen ein. Der Lebensraum im Osten ist schnell eingenommen. Die Wehrmacht gibt sich selbstbewusst und siegessicher: »Heute gehört uns Polen und morgen die ganze Welt.« Der Krieg ist Realität geworden.

Auch in Stetten ist die Begeisterung kaum zu bremsen, die Anstaltsleitung steht voll hinter dem Führer. In der Turnhalle werden Propagandafilme über Adolf Hitler gezeigt. Lina findet den Führer ziemlich erschreckend.

»Warum schreit er denn so?«, fragt sie und versteht gar nicht, was er schreit. »Der sieht aber nicht freundlich aus«, bemerkt sie.

»Psst«, schimpft Horst, »man darf nichts Schlechtes über den Führer sagen!«

Die Lieder und die Marschmusik gefallen Lina hingegen sehr, begeistert klatscht sie wie die anderen in die Hände und singt mit.

Zu Weihnachten 1939 schreiben Linas Eltern einen Brief:

Werter Herr Inspektor,
wir konnten Lina leider nicht auf Urlaub nehmen,
da es uns unmöglich war, das Geld für die Fahrt zu

beschaffen. Wir werden der Lina später etwas schicken. Sind Sie so gut und schreiben uns, ob Lina dieses Frühjahr konfirmiert wird. Dann würden wir dazu gerne kommen. Wir können dann vielleicht, wenn die Anstalt einen Urlaub gewährt, Lina mitnehmen. Wir hoffen, es geht Lina und Ihnen allen gut.

Hochachtungsvoll Familie Bernhardt.

»Silvester machen wir ein Fest«, flüstert Marga Lina zu, »ich habe ein paar gute Sachen gesammelt und der Willi hat Schnaps versteckt.« Lina macht große Augen. Marga erzählt dauernd von Willi, mit dem sie sich auch heimlich trifft. »Und diesmal kommst du auch mit«, schiebt Marga schnell hinterher. Lina ist das nicht ganz geheuer, aber neugierig ist sie schon.

Am Silvesterabend gibt es Eintopf mit Fleischwurst, eine Delikatesse, wo doch in letzter Zeit die Wurst- und Fleischrationen ständig reduziert werden oder auch ganz ausbleiben. Begeistert angeln die Kinder alle Fleischstückchen aus dem Topf.

Gleich nach dem Abendessen schleichen sich ein paar Mädchen, darunter Lina, unter Margas Führung davon. Schnell laufen sie durch den Schlosspark und rüber zur Gärtnerei. Beim Geräteschuppen warten schon Willi und zwei seiner Kumpels. Horstle ist auch dabei, den Lina gut kennt. Sie mag ihn gerne, weil er immer fröhlich und vergnügt ist.

Im Geräteschuppen hocken sich die jungen Leute auf Obstkisten und Säcke. Marga hat allerlei Weihnachtsgebäck und sogar eine Wurst dabei. Wo sie das alles wieder her hat? Begeistert greifen alle zu.

Willi lässt die Schnapsflasche herumgehen. Lina riecht nur daran und schüttelt angeekelt den Kopf. »Komm, sei kein Feigling«, sagt Horstle freundlich und legt den Arm um Lina. Tapfer nimmt sie einen kleinen Schluck und muss sofort fürchterlich husten. Die anderen lachen alle. »Das ist halt unsere Kleinste«, sagt Marga gutmütig.

Lina ist das alles nicht ganz geheuer, ängstlich sagt sie: »Aber wir dürfen das doch nicht, wir müssen ins Mädchenhaus, sonst schimpft die Tante.«

»Jetzt sei kein Feigling«, sagt Horstle wieder und drückt sie noch fester an sich.

»Lass mich los, ich will zu Tante Beate!«, schreit Lina.

»Zuerst musst du mir einen Kuss geben«, bekommt sie zur Antwort.

Alle lachen und klatschen in die Hände. »Lina und Horstle, Lina und Horstle … küssen, küssen!«, singen sie ausgelassen. Lina versucht, sich zu wehren, doch Horstle ist stärker und drückt ihr schließlich seine Lippen auf den Mund. Das ist feucht und unangenehm, aber die anderen sind begeistert und applaudieren. Marga und Willi küssen sich auch, ganz lange und heftig.

Als Horstle nach der Schnapsflasche greift, nutzt Lina die Gelegenheit, springt auf und rennt aus dem Schuppen. Schnell läuft sie in der Dunkelheit ins Mädchenhaus zurück. Sie hat Glück. Im allgemeinen Silvestertrubel hat noch niemand bemerkt, dass ein paar Mädchen weg sind.

Wenige Tage später ist Marga verschwunden. Lina

sucht das ganze Schlossgelände nach ihr ab, vielleicht hat sie sich wieder heimlich mit Willi verabredet. Schließlich fragt sie bei Tante Berta nach. »Marga wurde in eine andere Anstalt verlegt, ist auch besser so. Wie die die Burschen durcheinandergebracht hat!«, erhält sie zur Antwort.

Lina ist nicht lange traurig, sie hat viele andere Freundinnen und das neue Jahr bringt etliche Abwechslungen. Manchmal sieht sie Horstle und winkt ihm, er winkt immer strahlend zurück.

»Der Horstle ist ein Lieber, den werd ich mal heiraten. Dann bleiben wir beide immer hier auf dem Schloss bei dir, Tante Berta, gell?«

»Ach du meine Güte, Kind«, lacht die Tante, »das wollen wir doch nicht hoffen. Wenn du erwachsen bist, wird sich sicher eine gute Stelle für dich finden.«

Genau darüber macht man sich in der Anstalt jetzt Gedanken. Am 25. Februar feiert Lina ihren 16. Geburtstag. Normalerweise werden die Mädchen in diesem Alter in Stellungen gegeben, beispielsweise bei Bauern. Natürlich nur, wenn sie dafür geeignet sind. Andernfalls werden sie innerhalb der Anstalt in den Handwerksbetrieben untergebracht. Bei Lina ist es schwierig, etwas Passendes zu finden. Durch ihre Lähmung in der Hand kann sie kaum etwas helfen. Schließlich wird sie für die anstaltseigene Webschule eingeteilt. Sie geht zwar gerne und mit Eifer dorthin, um zu »helfen«, aber viel schafft sie nicht. Dennoch haben sie dort alle gern. Sie sorgt mit ihren fantasievollen Geschichten für willkommene Abwechslung und Heiterkeit.

Lina besucht einige Wochen lang den Konfirmations-
unterricht und lernt eifrig Bibelverse. Das Auswendiglerr-
nen fällt ihr nicht sehr schwer und beim Gottesdienst in
der Kirche sagt sie fast alles richtig auf. Leider findet zur
Konfirmation nur eine kleine, bescheidene Feier statt.
Die Mädchen bekamen neue Kleider an und wurden
etwas herausgeputzt. Linas Eltern sind nicht gekommen,
aber das hat sie auch nicht erwartet. Die Tanten haben
ihr gegenüber nicht von einer Einladung an die Eltern
gesprochen, um ihr die Enttäuschung zu ersparen. So
freut sie sich mit den anderen über ihr neues Kleid und
den Kuchen am Nachmittag.

Inspektor Schlaich und der Doktor haben sich freiwillig
für den Krieg gemeldet. Sie werden auch bald eingezogen
und kommen nur gelegentlich auf Urlaub. Dafür wurde
das Fräulein Doktor eingestellt: Dr. Leonie Fürst. Lina
ist ganz hingerissen von der netten, jungen und gutaus-
sehenden Ärztin. Endlich hat sie einmal kein ungutes
Gefühl, wenn sie einen weißen Kittel sieht.

Originalbrief vom 15. Mai 1940 an das Kreiswohlfahrtsamt Schwäbisch Hall:

Betreff: Minderjährigenfürsorge für Karoline Bern-
hardt
Bereits in einem Bericht an die Landesfürsorge-
behörde vom 20.02.1933 meldeten wir: Wird nie
arbeitsfähig und aus der Anstalt entlassen werden
können.

Der Bericht des Arztes unserer Anstalt lautet heute:
Kurzsichtiges, rechtseitig gelähmtes Mädchen, kann
sich nicht selbst kämmen, sein Bett machen usw.
Strickt mit Mühe. Kommt also für eine Landdienst-
stelle niemals in Frage.

Karoline wurde dieses Frühjahr konfirmiert. Es war
uns nicht möglich, sie in einem unserer Betriebe un-
terzubringen oder zur Erlernung der Hausgeschäfte
und Fertigkeiten vorzumerken. Wir schicken sie in
unsere Webschule, in welcher unsere körperlich und
geistig Schwachen mit leichten Arbeiten beschäftigt
werden.

Sie wird in der Webschule mit Pfropfenstricken und
Garnwickeln beschäftigt. Sie bietet sich auch zum
Zertrennen älterer Kleidungsstücke an, aber schon
das bringt sie nicht fertig, trotzdem sie sich redlich
Mühe gibt.

Auf der Abteilung konnte sie so weit gebracht werden,
sich selber anzuziehen und beim Anziehen kleinerer
Mitpfleglinge zu helfen. Für andere Arbeiten fehlen
ihr Verständnis und körperliche Kräfte.

Karoline Bernhardt ist ein liebes und freundliches
Mädchen, das seiner Pflegerin keine Schwierigkeiten
bereitet. Man hat sie auch in der Webschule gerne.
Nach unserem Dafürhalten ist es ausgeschlossen, Ka-
roline in einer Landdienststelle unterzubringen.

Können wir schon hier in der Anstalt sie nur sehr
langsam und in bescheidenem Umfang an leichte
Arbeiten gewöhnen, so würde sie draußen bestimmt
eher eine Belastung als eine Entlastung für eine Fa-

milie bedeuten. Wir glauben, dass es zweckmäßig ist,
abzuwarten, wie sich die Fertigkeiten des Mädchens in
unserer Webschule entwickeln und fördern lassen. Ob
späterhin einmal in Aussicht genommen werden kann,
Karoline etwa in eine Anstalt für halbe Kräfte weiter-
zugeben, können wir heute noch nicht beurteilen.
Stetten i.R
I:v: FR (Fürst)

In Stetten ist es mittlerweile unerträglich eng geworden.
Die Anstalt für Epileptiker in Korb wurde geschlossen
und sämtliche Bewohner wurden nach Stetten gebracht.
Die angespannte Situation aufgrund der Überbelegung
empfindet Lina nicht als schlimm. Sie ist freundlich zu
allen »Neuen« und freut sich, wenn sie jemandem den
Weg zeigen oder anderweitig helfen kann. Interessiert
hat sie den Einzug der fast 400 Menschen mit ange-
schaut und sich gewundert, wo diese überall untergebracht wurden. Im Schulhaus wurden einige Zimmer
belegt und auch die Turnhalle musste herhalten, um die
Fremden aufzunehmen. Auch in Linas Zimmer wurden
noch zwei zusätzliche Betten gequetscht.

Die neuen Bewohner aus Korb haben es schwer, sich in
der fremden Umgebung zurechtzufinden, und so ist es
ziemlich unruhig in Stetten. Auch die Nahrungsmittel
sind knapp: »Etwas mehr Wasser in die Suppe«, heißt es
täglich in der Küche. Die Hauswirtschaftler in Stetten
sind dennoch stolz, dass niemand hungern muss. Auch
die Tanten und Betreuer kommen kaum zur Ruhe und
sind täglich bis an ihre Grenzen gefordert. Aber der An-

staltsalltag geht irgendwie weiter und jeder versucht, das Beste aus der Situation zu machen.

An den Nachmittagen hilft Lina nun in der Webschule. Hauptsächlich trennt sie alte Kleidungstücke wieder auf und wickelt die Wolle neu auf. »Hab ich das gut gemacht?«, fragt sie immer wieder die Aufseherin. »Ja, Lina, das sieht schon ganz ordentlich aus. Du strengst dich wirklich an heute, aber ich kann nicht alle fünf Minuten nach dir schauen.« Im Vorbeigehen streicht sie Lina über das Haar.

Es gibt viel zu tun in der Weberei, vor allem, wo jetzt alles knapp wird. Sämtliche Gelder sind stark reduziert worden. Deutschland braucht sein Geld für Wichtigeres, die »Idiotenanstalten« werden hinten angestellt. »Der Führer hat das so angeordnet, denn der Krieg und die Soldaten sind jetzt das Wichtigste. Jeder gute Deutsche soll mit Freuden Opfer bringen«, so hat man es Lina und ihren Freundinnen erklärt. »Wofür soll der Krieg denn gut sein? Für was brauchen wir den?«, fragen die Mädchen. »Das Volk braucht neuen Lebensraum, und den gibt es im Osten. Das Deutsche Reich soll sich ausbreiten können«, lautet die ungefähre Antwort. »Ich will nicht in den Osten, ich bleib lieber hier in Stetten, da kenn ich mich aus«, erklärt Lina. Die Tanten lachen sich fast kaputt über diese Aussage.

An einem schönen Frühlingstag im Mai sitzt Lina mit ihrer Freundin Lene im Hof. Die beiden freuen sich über die warmen Sonnenstrahlen. »Schau mal, ein Reisebus!«, ruft Lene und deutet mit der Hand zum Portal. »Vielleicht machen wir endlich wieder einen Ausflug!«

Tatsächlich tauchen dort zwei graue Busse auf, ein paar Männer steigen aus und gehen über den Schlosshof zur Verwaltung.

»Nein, ich glaub nicht, dass wir da mitfahren dürfen«, meint Lina.

Einige der ehemaligen Bewohner aus Korb sollen abgeholt werden. Da aber niemand vorher informiert wurde, nimmt es mehrere Stunden in Anspruch, die Menschen reisefertig zu machen.

»Wohin werden die Leute denn verlegt?«, fragen die Betreuer. Sie haben Mühe, die auf der Liste stehenden Personen so schnell zusammenzusuchen. Natürlich nehmen sie an, man wolle die überbelegte Stettener Anstalt entlasten. Dennoch herrscht eine allgemeine Unruhe und Verwirrtheit.

»Warum dürfen gerade die einen Ausflug machen?«, mault Lene. »Die sind noch nicht mal lange hier!«

»Na ja«, antwortet Lina, »die werden woanders wohnen, damit es bei uns nicht mehr so arg eng ist.« Die Mädchen sehen zu, wie die Menschen einsteigen, und winken ihnen.

Lina hört, wie zwei Männer, die mit dem Bus gekommen sind, sich unterhalten. Grinsend sagt der eine: »Jetzt hat es bald 70 Dackel weniger.« Sie lachen und steigen dann auch ein.

Lina wundert sich, das versteht sie nicht. Dackel sind doch Hunde, das weiß sie genau. Was haben denn Hunde damit zu tun?

Der Anfang vom Ende

Der Sommer 1940 hat begonnen, noch genießen Lina und ihre Freundinnen das Leben im Freien. Fröhlich gehen sie spazieren und lassen sich ziemlich unbeeindruckt die neuesten Kriegsgeschehnisse von den Buben erzählen. Die prahlen nur so mit den deutschen Siegen und dem Blitz-Krieg gegen Frankreich.

Lina geht eifrig zur Weberei und strengt sich dort sehr an. Jedes Mädchen, dem es irgendwie möglich ist, strickt Socken und Handschuhe für die tapferen Soldaten an der Front. Überall hängt nun der Führer an der Wand und die rote Fahne mit dem Hakenkreuz flattert vor beinahe jedem Fenster.

Eines Tages herrscht große Aufregung, denn der Herr Inspektor kommt mit seiner Truppe in Stetten vorbei, sie bleiben über Nacht in der Anstalt. Mit großem Hallo werden er und seine Kameraden empfangen. Ein Lichtbildvortrag wird gezeigt und in der Kapelle gibt es eine Dankesfeier für den gelungenen Frankreichfeldzug.

Lina trifft sich am Abend heimlich mit Horstle hinter dem Gewächshaus. Der Geräteschuppen ist erst neulich nachts abgebrannt – wahrscheinlich haben das Versteck noch andere genutzt, um dort unbeobachtet zu rauchen.

Als Horst sie wieder küssen will, springt Lina erbost auf und ruft: »Nein, das darf man nicht machen, sonst schicken sie mich auch fort, so wie die Marga!«

»Ist die von einem grauen Auto abgeholt worden?«,

fragt Horstle. »Die, wo damit abgeholt werden, leben alle nicht mehr lange«, setzt er hinzu.

»Was du immer sagst, das glaub ich gar nicht, du willst nur, dass ich Angst bekomme.« Lina findet das nicht mehr lustig.

Horstle lässt sich nicht davon abbringen: »Aber jemand hat's gesagt – die Dackel werden alle vergast!«

Lina springt auf. »Wir sind doch keine Dackel, sondern Menschen!«, schreit sie. Horstle zuckt nur beunruhigt die Schultern, beide stehen ziemlich betrübt herum.

»Ich hab heute wieder von meinen Schwesterchen geträumt«, erzählt Lina schließlich. »Die waren beide ganz schön angezogen und sind spazieren gegangen, die Eltern waren auch dabei – die sind in ein Wirtshaus gegangen und haben Limonade getrunken. Die Elsa hatte eine große Schleife im Haar und Hanna ganz schöne, neue Schuhe. Sie haben beide gewunken und gerufen, dass ich auch kommen soll. Aber da war plötzlich ein Graben und dann kam auch noch Nebel und ich konnte sie nicht mehr sehen.«

Horstle nimmt Linas Hand und sagt: »Komm, da hinten blühen Maiglöckchen, wir können einen Strauß für Tante Berta pflücken.«

Die Tante freut sich sehr über die duftenden Blumen, die Lina ihr bringt. »Wasch dir aber gut die Hände, Lina, die Blumen sind nämlich sehr giftig.« Lina gehorcht und sagt nachdenklich: »Warum sind so schöne Blumen denn giftig und warum sind Menschen auch gleichzeitig Dackel?« Berta versteht den Sinn der Frage nicht und sie hat auch zu viel zu tun, um länger darüber nachzudenken.

Der Alltag in Stetten geht seinen gewohnten Gang, noch hat sich auf dem Schlossberg nicht viel verändert. Sogar das Jahresfest wird gefeiert – allerdings ohne große Veranstaltung und Trubel.

Etliche Väter und Brüder sind in den Krieg gezogen, was von den Angehörigen fast immer stolz verkündet wird. Die Feldpostkarten werden überall mit hingenommen und bei jeder Gelegenheit herumgezeigt. Man glaubt nicht, dass die Lieben lange fortbleiben werden, die Helden werden sicher bald nach gewonnenen Schlachten heimkehren. Die Schmach des Ersten Weltkrieges scheint endlich Vergangenheit zu sein.

Viel zu schnell vergeht der Sommer. An einem Dienstag im September kommt Lina aus der Schule. Auf dem Hof sind erstaunlich viele Leute unterwegs, es herrscht eine ziemlich angespannte Stimmung.

»Da, schau, Lina!«, ruft Helene und deutet zum Tor. Mit großen Augen starren die Mädchen zu den beiden grauen Bussen, die dort warten. Der Herr Inspektor und das Fräulein Doktor stehen daneben und reden mit einigen fremden Leuten. »Ich werde zuerst im Ministerium anrufen!«, hört Lina die aufgeregte Stimme des Inspektors.

Die junge Ärztin verhandelt weiter mit den Besuchern, schließlich eilt sie mit einigen Papieren in der Hand über den Hof ins Büro des Inspektors. Lina und Helene haben sich inzwischen in den Speisesaal geflüchtet; dort gibt es nur eine schnelle Suppe. Einige Mädchen und Frauen fehlen am Tisch und alle sind sehr unruhig. Die allgemeine Aufregung lässt die Suppe kalt werden. »Komm, wir gehen wieder raus und schauen, was passiert«, sagt Lina zu Helene.

Zuerst bleibt alles ruhig, aber Lina beschleicht ein ungutes Gefühl, als sie die Busse betrachtet. Sie denkt an Horstles Worte und sagt eindringlich zu Helene: »Egal was passiert, steig bloß niemals in so einen Bus ein!«

»Aber warum denn nicht?«, Helene wundert sich: »Du bist doch sonst die Erste, wenn's zu einem Ausflug geht.«

Da bricht plötzlich ein Tumult aus. Die Schwestern und Tanten erscheinen mit einigen Frauen, die meisten von ihnen tragen ein Kleiderbündel bei sich. »Ihr kommt nur in eine andere Anstalt«, sagen die Tanten immer wieder beruhigend, aber einige Frauen weinen und schreien, klammern sich an ihre Pflegerinnen und wollen nicht einsteigen. Sie wehren sich und schreien oder toben. Andere wiederum steigen fröhlich winkend in die Busse und eine sagt: »Au, wir dürfen einen Ausflug machen.« Es herrscht ein ziemliches Gerangel.

Lina hat sich inzwischen vor Angst unter eine Treppe geflüchtet. »Nicht einsteigen!«, will sie am liebsten schreien, aber sie ist ganz starr. Alles geht plötzlich sehr schnell, kaum sind die Frauen in den Bussen, sieht Lina nur noch den Staub, den die Fahrzeuge beim Wenden aufgewirbelt haben.

Eine Weile bleibt sie noch unter der Treppe sitzen. Sie hört, wie der Inspektor und Fräulein Fürst laut und aufgeregt miteinander reden. Dann ist irgendwann alles still.

Am Abend fragt Lina natürlich die Tanten, wo die

Frauen jetzt sind und wann sie wiederkommen. Aber sie erhält keine vernünftige Antwort. »In einer anderen Anstalt, in Grafeneck. Und mal sehen …«, sagen die ausweichend. Scheinbar wissen sie selbst nicht, was heute geschehen ist. Lina fällt schließlich erschöpft in einen unruhigen Schlaf.

Am Morgen erzählt sie mal wieder von ihrem Traum: »Da waren meine Schwestern, aber alle fünf, und wir haben auch schön zusammen gespielt, in der Sonne. Dann kam ein großer Junge und hat sich vor die Sonne gestellt, er hat gesagt: Lina, steig bloß ja nie in einen grauen Bus ein, sonst wirst du auch umgebracht! Das war mein großer Bruder, der weiß alles.«

»Aber Lina, erzähl doch nicht so einen Unsinn«, schimpft die Tante, »du machst alle noch verrückt mit solchen Geschichten.« Aber irgendwie zittert die Stimme der Tante und sie sieht ziemlich erschrocken aus.

Schon drei Tage später bricht das Unheil erneut über die Anstalt herein. Diesmal werden 60 männliche Bewohner abgeholt. Lina bemerkt diesmal nicht viel davon, denn sie ist gerade in der Weberei, von dort wird niemand fortgeholt. Aber die Panik und das Entsetzen, das am Abend überall herrscht, bekommt sie sehr wohl mit. Mit der Ruhe und dem Frieden in Stetten ist es endgültig vorbei. Gerüchte von Tötungsanstalten, die schon länger aufgekommen sind, nehmen Gestalt an. Es herrscht blankes Entsetzen und auch Unvermögen, das zu glauben. Die Betreuerinnen können und wollen sich nicht vorstellen, was mit ihren Schützlingen passiert sein könnte. Immer noch versuchen sie, den Bewohnern die Verlegungen in andere Anstalten zu erklären. Als aber die ersten Todesnachrichten der »verlegten« Bewohner eintreffen, glaubt ihnen niemand mehr.

»Die Anstalt Grafeneck auf der Schwäbischen Alb ist zu einer Mordfabrik geworden«, flüstert ein Pfleger dem anderen zu, »und solche Vernichtungsanstalten gibt es einige im Land, die unnützen Esser werden dort alle vergast.«

Als am 18. September erneut die grauen Busse am Tor auftauchen, herrscht Todesangst unter den Bewohnern. Einige haben sich in Sicherheit gebracht und sind nicht auffindbar. Andere dachten, sie dürften dableiben, weil ihre Namen beim vorigen Mal von den Listen gestrichen wurden. Nun stehen sie erneut darauf und werden wild um sich schlagend zu den Bussen gezerrt.

Lina hat sich wieder unter die Treppe geflüchtet. Sie beobachtet voller Angst das grausame Schauspiel, das sich ihr bietet. Plötzlich kann sie einen Schrei nicht mehr unterdrücken, ihre Freundin Helene wird eben in den Bus geschoben. Lina beißt sich in die Hand und heult leise vor sich hin. Überall heulen die Menschen und wehren sich vergeblich. Manche versuchen zu fliehen und werden wieder eingefangen. Die Pfleger und auch Dr. Fürst versuchen alles, um die Menschen zu beruhigen, aber das ist nun nicht mehr möglich. Sie scheinen selbst am Ende ihrer Kräfte zu sein.

Spät am Abend, als sie es vor Hunger nicht mehr aushält, kriecht Lina unter der Treppe hervor und schleicht sich zum Mädchenhaus. Tante Berta nimmt sie stumm in die Arme und hält sie lange an sich gedrückt, dann bringt sie ihr warme Milch und ein Stück Weißbrot.

»Wo ist Helene?«, fragt Lina leise. Die Tante schüttelt nur stumm den Kopf und kann ihre Tränen nicht mehr verbergen. Im Bett versucht Lina zu beten, wie die Tante es ihr geraten hat. Vor allem bittet sie Gott, dass er Helene wieder zurückbringt und auf all die anderen armen Leute aufpasst, weil die sich ja nicht zurechtfinden, die waren doch immer nur hier in Stetten gewesen.

In der Anstalt ist nichts mehr so, wie es einmal war. Viele Bewohner fehlen und ganze Zimmer stehen leer. Die Anstaltsleitung überlegt, wie der freie Raum genutzt werden könnte. Ein Altersheim ist im Gespräch – man ist am Verhandeln mit den Ämtern in Stuttgart.

Fast täglich treffen nun Todesnachrichten der »verlegten« Patienten ein, die angegebenen Todesursachen sind ziemlich unglaubwürdig und scheinen wegen der Krankengeschichten, die den Mitarbeitern gut bekannt sind, unmöglich. Sie sind nun im Bilde, was es mit den »Verlegungen« auf sich hat. »Vergasungen, sind das, das ist Massenmord!«, empört sich einer der Pfleger laut. Daraufhin wird er zur Anstaltsleitung gebeten, die ihm unmissverständlich klarmacht, dass er mit solchen Äußerungen sein eigenes Todesurteil unterschreibe: »Seien Sie bloß ruhig, sonst steht Ihr Name das nächste Mal mit auf der Liste!«

Die Vernichtungsanstalten sind nicht länger ein Geheimnis. Teile der Bevölkerung, auch die Kirche nehmen empört Anstoß. Die Anstalt in Grafeneck auf der Schwäbischen Alb wird bald darauf geschlossen. Dort hatten die meisten Stettener Patienten den Tod gefunden.

Bei jedem Motorengeräusch bricht unter den verbliebenen Bewohnern Panik aus. Lina stürzt jedes Mal sofort unter die Treppe. Immer noch hofft sie, dass Helene vielleicht doch wieder zurückkommt. Aber Horstle hat ihr erklärt, dass dies unmöglich sei – da komme niemand mehr zurück. »Der Hermann hat Glück gehabt, er war grad mit seiner Tante auf einem Ausflug, als man ihn abholen wollte – sonst wär der auch weg gewesen. Und der Hans geht jeden Dienstag den weiten Weg zu seinen Verwandten, weil dienstags immer die Busse kommen«, erzählt Horstle. »Wenn mich nur auch jemand abholen würde«, seufzt er, aber er hat kaum noch Angehörige.

Darüber hat Lina auch schon nachgedacht, die so ferne und fast vergessene Familie kommt ihr in den Sinn. Sehr lange kam kein Brief oder Päckchen mehr. »Dein Vater wird im Krieg sein und deine Mutter ist doch oft krank. Vielleicht ist sie auch wieder im Krankenhaus«, sucht Tante Berta nach einer Erklärung.

Eigentlich will Lina gar nicht weg; ihr hat es immer gut gefallen in Stetten und sie kennt ja auch nichts anderes. Aber die jüngsten Ereignisse haben sie doch zu sehr mitgenommen. Diese ewige Unruhe und die Albträume jede Nacht machen ihr sehr zu schaffen. Immer träumt sie von den Bussen und auch von Helene, die ihr verzweifelt zuruft. Schreiend und schweißgebadet wacht sie fast jede Nacht auf.

Nur kurze Zeit bleibt in Stetten alles ruhig. Am Dienstag, den 5. November, sitzt Lina mit Horstle mal wieder hinter dem Gewächshaus. Sie frieren ein wenig, aber Horstle hat von irgendwoher ein Stück Hefezopf organisiert, und das verspeisen sie nun genüsslich. Horstle legt den Arm um Lina und sagt: »So ist's wärmer, gell. Ich glaub, wir brauchen jetzt keine Angst mehr zu haben. Fast zwei Wochen waren keine Busse mehr da, die haben jetzt genug von uns umgebracht.«

»Ich weiß nicht, ich hab immer noch Angst«, flüstert Lina.

Lina und Horst hören heute nicht, wie die Busse das Tor erreichen. Die Gärtnerei ist zu weit entfernt. Friedlich sitzen sie nebeneinander und überlegen, wie wohl das kommende Weihnachtsfest werden wird, wo doch nun alles so anders geworden ist.

Da steht plötzlich ein Pfleger vor ihnen, erschrocken springen beide auf. »Ach, da bist du ja«, sagt er freundlich zu Horst. »Komm einmal mit, mein Junge, ich muss dir was zeigen.«

Lina trottet neugierig hinter den beiden her. Auf dem Hof bleibt sie starr vor Schreck stehen. Der Pfleger hat Horstle am Kragen gepackt und schleift ihn zu den Bussen am Tor. Dort wird er von ein paar Männern in Empfang genommen. Laut schreit Horstle um Hilfe und dass er nicht sterben will: »Ich bin doch gar kein richtiger Idiot, ich kann doch gut schaffen! Hilfe, Hilfe!« Schon haben sie ihn in den Bus geschoben.

Lina steht mitten auf dem Hof und schreit wie am Spieß, sie bemerkt es gar nicht. Zuerst Helene und nun auch noch Horstle, das ist zu viel, sie kann nicht mehr aufhören zu schreien. Endlich kommt Tante Berta und hält ihr den Mund zu. Irgendwie schafft sie es, das nun völlig apathische Mädchen ins Haus zu schaffen.

Lina glüht am Abend vor Fieber und wird ins Krankenhäusle gebracht. Dort bleibt sie die nächsten Tage. Im Fieberwahn träumt sie von einer schönen Blumenwiese, auf der sie mit ihren Geschwistern spielt. Auch die Eltern sind da und reden freundlich mit ihr: »Du musst sehr tapfer sein in der nächste Zeit, es wird bestimmt schwer für dich werden.«

Inzwischen geht es in der Anstalt drunter und drüber, keiner weiß mehr, wie es weitergeht. Gerüchte von der Schließung und Auflösung machen die Runde. Es sollen Volksdeutsche aus dem Osten nach Stetten verlegt werden, deshalb muss die Anstalt geräumt werden. Aber alles ist sehr ungewiss und niemand fühlt sich mehr geborgen in Stetten.

Am 12. November werden noch einmal 43 Bewohner abgeholt, nun ist die Anstalt zur Hälfte leer. Das Personal ist fast schon arbeitslos, immer wieder wird nachgefragt, wie es denn nun weitergehe.

Schließlich ist die Räumung beschlossene Sache, alles muss sehr schnell gehen. Lina fühlt sich etwas besser, aber sie bleibt noch auf der Krankenstation. Sie sieht vom Fenster aus zu, wie die Leute abgeholt werden. Einige wenige werden nun von ihren Angehörigen abgeholt.

Ein Auto fährt auf den Hof, aus dem ein Herr im Anzug steigt. »Der sieht wichtig aus, wahrscheinlich wieder einer, der für die Beschlagnahmung verantwortlich ist«, sagt die Krankenschwester.

Alles um Lina herum löst sich auf, als würde die ganze Anstalt langsam im Nebel verschwinden. Die Wirklichkeit scheint sich zu verwischen und Lina flüchtet sich in ihre Träume, dort ist sie sicher und hat keine Angst. Die Welt vor dem Fenster verwirrt sie zu sehr – die trüben Novembernebel machen es nicht besser.

Am Sonntag herrscht in der Kapelle eine besonders gedrückte Stimmung, denn der Pfarrer hält einen Abschiedsgottesdienst. »Wir müssen alle fort«, flüstert Lina ihrer Nachbarin zu, »alle werden wir abgeholt …«

Am 25. November steht wieder ein Personentransport an, aber es verläuft diesmal anders als sonst. Einige der Pfleger und Schwestern steigen auch in die Busse. Was sollen sie noch hier in der leeren Anstalt? Woanders werden sie gebraucht. Ganz geheuer ist es ihnen nicht, aber es ist eben Krieg, da muss man Opfer bringen.

Tante Berta packt eine Tasche mit Linas Sachen und zieht ihr den Mantel an. »Du kommst mit mir«, sagt sie, »hab keine Angst, wir ziehen nur nach Winnenden um – bis der Krieg zu Ende ist.«

»Nicht ins Krankenhaus!«, schreit Lina entsetzt.

»Aber nein, ich sag's dir doch, wir werden dort auch im Schloss wohnen, in Winnenden, das ist gar nicht weit, das weißt du doch. Nun komm, Lina.«

Lina geht an Bertas Hand geklammert über den Hof. *Nicht einsteigen!*, dröhnt es in ihrem Kopf. »Jetzt komm schon. Siehst du, ich steige doch mit ein und fahre auch wirklich mit.« Die Tante steigt tatsächlich in den Bus. Schon hat der Fahrer Lina hochgehoben und sie sitzt mit großen erschrockenen Augen neben Tante Berta.

»Warum können wir nicht hierbleiben?«, jammert Lina.

Als der Bus losfährt, will sie aus dem Fenster schauen, doch die Scheiben sind mit grauer Farbe angestrichen. Durch ein winziges freigekratztes Loch kann Lina einen letzten Blick auf den Schlossberg erhaschen. Langsam verschwindet die Anstalt Stetten gänzlich im Nebel.

Winnenden

Die Fahrt ist schnell zu Ende, denn Winnenden ist nur 15 km von Stetten entfernt. Hell strahlt das Schloss Winnenden in der untergehenden Sonne, als der Bus vor dem Lenauhaus am Tor hält. Lina lässt auch beim Aussteigen Bertas Hand nicht los, sie ist ganz durcheinander und ihr Interesse an der neuen Umgebung hält sich in Grenzen.

Es herrscht ein ziemliches Gedränge, auch hier scheint niemand mehr so recht zu wissen, wie es weitergehen soll. Schließlich werden Matratzen ausgeteilt und in die Turnhalle gebracht, wo die Neuankömmlinge notdürftig unterkommen sollen. Berta hat Mühe, Lina dort abzuliefern. Zum Glück entdeckt sie Else, die Lina noch von der Schule kennt.

Ängstlich schieben die Mädchen ihre Matratzen nebeneinander und lassen sich darauf nieder. Jede hat eine Decke um die Schulter gelegt, denn es ist alles andere als warm in der Turnhalle, nur ganz vorne steht ein kleiner Ofen.

»Ich will wieder nach Hause«, jammert Lina und Else nickt bestätigend. Irgendwann wird eine wässerige Suppe ausgeteilt, jeder bekommt ein winziges Stückchen Brot dazu. Lina und Else schlafen danach erschöpft ein, trotz Hunger und Kälte.

Am nächsten Tag ist die Suppe noch wässriger und Brot gibt es gar keines mehr. Lina beschwert sich entsetzt bei Berta: »Wann gehen wir wieder nach Hause? Dort gab es sogar manchmal Weißbrot und ein richtiges Bett.«

»Du musst ein bisschen Geduld haben, Lina. Hier wird auch bald alles besser geregelt sein, im Moment sind alle etwas überfordert«, versucht Berta zu erklären.

»Aber warum passiert das alles?«, fragt Lina mit Tränen in den Augen.

»Es ist halt Krieg«, antwortet Beate.

»Immer dieser Krieg, ich hab den nie haben wollen, seitdem ist nichts mehr in Ordnung. Alle meine Freunde verschwinden, und jetzt bin ich auch schon fast verschwunden«, schimpft Lina.

Berta legt ihr eine zweite Decke um die Schultern und bemüht sich, sie zu beruhigen. Aber Lina liegt lange wach und versucht zu verstehen, was um sie herum passiert.

Ein paar Tage später werden die Mädchen und Frauen in den großen Festsaal im Schloss umquartiert. Auch hier liegen die Matratzen dicht aneinander, kaum ist genug Platz zum Gehen. Es ist nur minimal wärmer als in der Turnhalle. Lina hängt sich an Bertas Rockzipfel und jammert andauernd, dass sie nach Hause will. Manchmal flüchtet sie sich wieder in ihre Träume. Tagelang liegt sie zusammengekauert auf der Matratze und ist ganz abwesend.

Als der leitende Arzt, Dr. Gutekunst, die Frauen und Mädchen im Festsaal besuchen kommt, fragt er Lina, was den los sei und warum sie nicht aufstehen will. Lina schaut ihn nur müde an und sagt: »Mein Vater hat heute Nacht zu mir gesagt, dass ich den Weg vorausgehen soll und mit dem Brüderchen auf ihn und die anderen warten kann. Dort, wo ich dann hinkomme, ist es nicht mehr kalt und Hunger hab ich dann auch nicht mehr.«

Verwundert fragt der Arzt Tante Berta, was das zu bedeuten hätte. Diese erklärt ihm, dass Lina gerne von ihrer Familie träumt und sich in ihren Träumen und Fantasien verliert. Nachdenklich sagt der Arzt: »Das ist nicht die schlechteste Lösung in diesen schrecklichen Zeiten.«

Auch in der Heil- und Pflegeanstalt Winnenden haben bereits Transporte stattgefunden. Bei den verbliebenen Bewohnern und dem Personal ist das Grundvertrauen erschüttert. Jeder zuckt zusammen, wenn Motorengeräusche zu hören sind.

Die Adventszeit verläuft ganz anders, als Lina es aus Stetten gewohnt ist. Zwar bemüht man sich auch in Winnenden um eine vorweihnachtliche Stimmung, aber die Mittel sind allzu begrenzt. Immerhin gibt es an den Adventsonntagen eine Extraration Kartoffeln.

Noch schlimmer als der Hunger ist die eisige Kälte. Der Winter ist genauso unerbittlich wie im letzten Jahr. Berta versucht vergebens, Lina nach draußen zu locken. »Du liebst doch den Schnee so sehr. Schau, wie schön der Schlosshof jetzt aussieht.«

Lina schüttelt nur traurig den Kopf. »In Stetten ist es viel schöner.« Sie hat keine Augen für die klirrend kalte Glitzerwelt vor dem Fenster. Müde nähert sie sich dem Ofen, aber dort haben sich schon andere die besten Plätze gesichert.

Am Weihnachtstag ist es nicht besonders feierlich. Es

gibt ein wenig zusätzliches Essen und ein paar Weihnachtslieder werden gesungen. Die Kirche ist immerhin gestopft voll.

Inzwischen sind Flüchtlinge aus dem Osten eingetroffen. Lina blickt in die ausgezehrten und todmüden Gesichter dieser Menschen. Eine ältere Frau erzählt ihr weinend, dass sie ihre ganze Familie verloren habe – auf der Flucht. Lina streichelt ihr zärtlich die Hände und sagt: »Ja, ich weiß, ich hab auch gar niemanden mehr. Aber bald, wenn ich den Weg vorausgegangen bin, dann kommen sie alle wieder, und wir sind zusammen und glücklich.« Die Frau schaut Lina lange an und fühlt sich seltsam getröstet durch diese Worte.

Das neue Jahr ist angebrochen, es hat sich an der ungemütlichen Stimmung auf dem Schloss in Winnenden nichts geändert. Lina fragt immer noch bei jeder Gelegenheit, wann denn nun endlich der Krieg vorbei sei und sie wieder nach Hause gehen darf. Immerhin fängt sie an, ihre Umgebung wieder genauer zu beobachten, wenn auch zögerlich, und schließt neue Freundschaften. Die überarbeiteten Pfleger und Schwestern sind froh über jede Unterstützung. Lina hilft ihnen, soweit es ihr möglich ist, hier und da ein bisschen bei den täglichen Aufgaben. Besonders gerne kümmert sie sich um die Flüchtlinge, vor allem um deren Kinder. Oft sitzt sie an einem Bettchen und erzählt ihre etwas wirren Geschichten oder bringt sämtliche Märchen durcheinander. Die Schwestern müssen heimlich kichern, aber sie lassen Lina gewähren. Tatsächlich schafft sie es, die kleinen aufgewühlten Kinderseelen damit zu beruhigen.

Nur sehr langsam und kaum bemerkbar lockert der grausame Kriegswinter seinen eisigen Griff. Es scheint, als habe sich die Kälte in sämtliche Knochen und Seelen gefressen. Eines Morgens erwacht Lina vom Geräusch der Wassertropfen, die von den Eiszapfen am Dach herunterrinnen. Schnell läuft sie los, um Berta zu suchen. »Jetzt wird es bald Frühling, dann können wir wieder heim nach Stetten!«, ruft sie ihr schon von Weitem zu. »Dann können meine Schwestern und mein Vater endlich wieder zu Besuch kommen«, setzt Lina hoffnungsvoll hinzu. Berta wundert sich, dass Lina in all dem Tumult noch immer an ihre Familie denkt.

Seit Längerem besteht kein Kontakt mehr mit den Eltern. Der Vater ist nun im Krieg, die Geschwister haben alle mit ihren täglichen Aufgaben zu tun. Liesl ist inzwischen 21 Jahre alt und kämpft immer noch mit ihren schlimmen Verbrennungen. Natürlich muss sie dennoch sehen, wie sie über die Runden kommt – was sie zum Leben braucht, muss sie sich selber erarbeiten. Aber wenigstens da hat sie einmal Glück und findet eine gute Anstellung im Büro einer großen Firma in Heilbronn. Gertrud und Frieda sind noch in Lichtenstern, Fritz ist wieder in Schwäbisch Hall und arbeitet dort bei einem Bauern. Die kleinen Brüder Emil und August sind beide in ihre neuen Familien integriert, von dort wird kein Kontakt mit den Geschwistern oder Eltern gepflegt. Nur Elsa und Johanna, inzwischen sieben und zwölf Jahre alt, werden von Liesl regelmäßig bei ihren Pflegefamilien in S. und H. besucht. Ob Liesl auch noch ab und zu an Lina denkt?

Endlich lassen die Temperaturen es wieder zu, ein wenig an die frische Luft zu gehen. An einem milden Februartag spaziert Lina mit den anderen durch das weitläufige Schlossgelände. Die Winterluft tut allen gut.

Abgelenkt durch die neuen Eindrücke, hat Lina gar nicht bemerkt, dass sie Tante Berta den ganzen Tag noch nicht gesehen hat. Das ist sehr ungewöhnlich, denn normalerweise ist die Tante doch immer in ihrer Nähe. Auch Else weiß nicht, wo sie sein könnte. Keiner der Bewohner scheint Berta gesehen zu haben.

Unruhig läuft Lina herum und entschließt sich dann, eine der Pflegerinnen nach Berta zu fragen. »Ach, die ist doch heute abgereist«, meint diese gleichgültig, »die wird anderswo dringender gebraucht. Wahrscheinlich muss sie sich in einem Lazarett melden.«

»Das ist nicht wahr!«, schreit Lina außer sich. »Sie hat mir doch versprochen, dass sie bei mir bleibt, du lügst doch!« Lina reißt vor Entsetzen die Augen auf. Schreiend und weinend rennt sie durch die Gänge des Schlosses. »Tante Berta, Tante Berta!« Ihre Rufe hallen durch das Gebäude. Sie kann und will nicht glauben, dass ihre Tante, die ihr viele Jahre Mutter- und Familienersatz war, sie tatsächlich verlassen hat.

Irgendwann wird sie von den Pflegerinnen eingefangen. Zusammen mit Else gelingt es ihnen, das Mädchen etwas zu beruhigen.

Endlich liegt Lina erschöpft auf ihrer Matratze, sie weint leise und unglücklich vor sich hin. Doch, was ist das? Unter ihrem Kissen liegt ein Päckchen. Verwundert reißt Lina das Papier auf und findet das rote Wolltuch, das Tante Berta oft selbst um die Schultern getragen hat. Ein Zettel liegt noch dabei. Was ihr die Tante wohl geschrieben hat? Lina läuft nach draußen auf den Gang. Sie hat Glück, dort steht Schwester Elfriede, die sie immerhin ein klein wenig ins Herz geschlossen hat. Lina hält ihr den Zettel hin: »Bitte lies mir das vor«, sagt sie weinerlich.

Meine liebe Lina,
ich kann mich nicht von Dir verabschieden, weil ich weiß, wie schwer es für Dich wäre – aber auch für mich ist es nicht leicht. Bitte sei ein tapferes Mädel und weine nicht. Wenn dieser Krieg bald zu Ende ist, werden wir sicher wieder zusammen sein. Das Tuch soll Dich bis dahin wärmen und an mich erinnern.
Deine Tante Berta

»Siehst du, da steht auch, dass du nicht mehr weinen sollst«, sagt Schwester Elfriede. »Alles wird gut werden. Nun geh wieder in dein Bett.«

Die Tage werden wärmer und länger. Aber Lina ist nicht mehr so fröhlich wie früher. Inzwischen ist sie fast 17 Jahre alt und versucht verzweifelt zu verstehen, was in den letzten Wochen um sie herum passiert ist. Es ist alles so verwirrend. Sie sehnt sich nach der Geborgenheit von früher, als sie noch unbeschwert auf dem Schloss in Stetten gelebt hat. Dort war ihr alles so vertraut. Nun klammert sie sich umso mehr an Else, die Einzige, die sie schon lange kennt. Die beiden Mädchen sind gute Freundinnen geworden und immer zusammen unterwegs.

Kaum sind Eis und Schnee getaut und die Straßen wieder passierbar, kommt die alte Angst vor den grauen Bussen zurück. Erneut wird bei jedem Motorengeräusch gezittert und geflüchtet.

»Wie kann man denn da in Ruhe leben, wenn man immer und ewig Angst haben muss?«, schimpft Else eines Tages. »Sollen Sie uns doch endlich alle abholen und umbringen, dann brauchen wir nicht mehr so viel Angst zu haben.«

»Aber warum soll man uns denn umbringen, wir haben doch gar nichts angestellt?«, fragt Lina erschüttert. So hat sie die Freundin noch nie erlebt – das ist ihr richtig unheimlich.

»Eigentlich sollten wir einfach abhauen, schließlich sind wir keine kleinen Kinder mehr«, sagt Else nachdenklich.

»Warum gehen wir nicht einfach zurück nach Stetten? So weit ist das nicht, wir sind doch nur kurz gefahren«, flüstert Lina.

Die Idee ist geboren und die Freundinnen stecken von nun an ständig die Köpfe zusammen. Sie überlegen hin und her, wie und wann sie ihren Plan in die Tat umsetzen können.

Eines Abends im März bietet sich endlich die Gelegenheit.

»Lina und Else, ihr bringt das Geschirr zur Küche zurück«, befiehlt eine der Schwestern.

»Ja, sofort!«, ruft Else ihr zu und gibt Lina ein Zeichen. Schnell stopft sich jedes der Mädchen ein kleines Bündel unter den Mantel, dann machen sie sich mit der Geschirrwanne auf den Weg. Lina will tatsächlich die Treppen zur Küche hinuntergehen, aber Else fährt sie an: »Bist du dumm? Lass das Zeug hier stehen und schnell hinaus!« Sie stellen die Wanne im Flur ab und rennen durch eine offene Seitentüre hinaus in den schon fast dunklen Schlosspark.

Schnell bemerken die beiden Ausreißerinnen, dass es noch ziemlich kalt ist in der Nacht. Am Ende des Schlossparks angekommen, frieren sie schon erheblich. Lina hat sich das rote Tuch um den Kopf geschlungen, aber die Füße in den dünnen Stiefelchen sind eiskalt. Else geht es auch nicht besser. »Vielleicht hätten wir doch lieber erst im Frühling abhauen sollen?«, jammert diese. Aber jetzt ist es eh zu spät.

Endlich entdecken die Mädchen einen alten Holzschuppen und sind froh, dass die Türe nicht verschlossen ist. Aber drinnen ist es genauso kalt wie draußen. Trübsinnig hocken sie am Boden und kauern sich aneinander. Sie haben ein paar alte Säcke gefunden, mit denen sie sich zudecken.

Lina träumt wirres Zeug. Tante Berta steht winkend neben einem grauen Bus und sagt ihr freundlich, dass sie einsteigen soll. »Nein, nicht einsteigen!«, schreit Lina und schreckt auf. Kaum ist sie wieder eingeschlafen, hört sie im Traum die Busse heranfahren. Erneut schreckt sie hoch.

Auch Else ist wach. »Es ist einfach zu kalt«, sagt diese kopfschüttelnd, »und wir kennen den Weg nach Stetten doch gar nicht. Hunger hab ich auch – komm, lass uns zurückgehen, es ist jetzt schon hell draußen.«

Lina ist einverstanden. Langsam gehen sie wieder auf das Schloss zu. Sie überlegen hin und her, was sie zu ihrer Verteidigung vorbringen könnten. »Wir sagen einfach, wir haben uns verlaufen«, beschließt Else.

Auf dem Schlossgelände herrscht bereits ziemlicher Betrieb. Trotz der frühen Stunde sind viele Leute unterwegs. Jetzt sieht Lina auch den Grund – am Tor stehen zwei graue Busse und die Pflegerinnen bringen schon einige Mitbewohner dorthin.

»Schnell, wir müssen wegrennen!«, ruft Else. Sie dreht sich um und läuft genau Schwester Elfriede in die Arme.

»Ach, da seid ihr ja endlich«, sagt diese. Sie packt die Mädchen unsanft am Arm und zerrt sie zum Lenauhaus.

Dort werden ihnen ihre Bündel überreicht und ein Pfleger schreibt jedem eine Nummer auf den Oberarm. 45318, diese Nummer steht auch in der Liste, die der Pfleger abhakt. Bei den meisten ist ein dickes »+« dahinter, bei Lina auch. Allerdings muss sich Else irgendwie dazwischengedrängt haben, denn auf der Liste steht »Else Bernhardt« und nicht »Karoline Bernhardt«. Lina ist ganz starr vor Schreck und bringt kein Wort heraus, auch nicht ihren Namen. Sie nimmt nicht mehr wahr, wie verzweifelt sich die meisten weigern, in den Bus zu steigen.

Eine kurze Sekunde keimt Hoffnung in ihr auf: *Vielleicht bringen sie uns zurück nach Stetten?*, überlegt sie.

Aber es sind so viele Bewohner von Winnental dabei – was sollen die denn in Stetten?

Lina und Else sitzen erschöpft nebeneinander im Bus. Die eisige Nacht im Holzschuppen und nun diese abrupte Abreise, die Mädchen sind völlig erledigt.

Die Fahrt dauert schon eine ganze Weile, also geht es nicht nach Stetten zurück. Da die Fenster wieder zugestrichen sind, können sie nicht hinausschauen. Das Motorengeräusch macht sie müde, irgendwann schlafen beide ein.

Lina träumt von einem warmen Zimmer mit einem schönen großen Ofen darin, freundliche Leute sitzen auf weichen, gemütlichen Sofas und lächeln ihr zu. Eine Frau sagt: »Bald ist alles gut, Lina, und dann kommst du auch zu uns.«

Weinsberg, 10. März 1941

Als der Bus endlich anhält und die Türen geöffnet werden, ist es noch heller Tag. Die Sonne scheint auf einen weitläufigen Park. Hier gibt es zwar kein Schloss, aber Lina sieht verschiedene, schön gestaltete Backsteingebäude zwischen den Bäumen und den Rasenflächen. In eines davon werden sie geführt.

Sie betreten einen großen Saal, in dem schon viele Frauen und Mädchen auf Matratzenlagern untergebracht sind. Else zieht Lina schnell neben sich und seufzt: »Wenn wir nur wieder in unseren Betten in Stetten liegen könnten.«

Endlich gibt es etwas zu essen. Die Mädchen sind total ausgehungert, sie schlingen die Suppe und das Brot nur so hinunter. Danach geht es ihnen etwas besser. Else hat schon wieder Fluchtgedanken, aber Lina hört ihr nicht zu. Sie hat sich ans Fenster gestellt und schaut zu, wie die Sonne langsam hinter dem Park untergeht. Die Sonnenstrahlen erhellen die Rasenflächen, auf denen sich das erste zarte Grün hervorgewagt hat.

In Weinsberg sind die Zustände noch schlimmer als in Winnenden, auch hier herrscht Angst und Schrecken. Es ist ein endloses Hin und Her – Patienten kommen und andere werden wieder abgeholt. Die grauen Busse sind hier sehr gut bekannt und die Angst sitzt allen im Nacken, die Unruhe der Patienten ist kaum auszuhalten. Die wenigen Schwestern und Pfleger sind überarbeitet, sie wirken ziemlich verloren und unglücklich. Selbst der

Oberarzt Dr. Joos, der am Abend die Runde macht, wirkt bedrückt, als wäre die Last, die er tragen muss, um vieles zu groß geworden. Diese Umstände hat sich in Weinsberg wirklich niemand gewünscht.

Verzweifelt wird versucht, ein Minimum an Ordnung und so etwas wie einen Tagesplan aufrechtzuerhalten. Doch die Verpflegung ist absolut unzureichend. Es wird an allem gespart – bei den »Idiotenanstalten« eben am meisten. Die Soldaten brauchen Brot und Betten – da kann es nicht sein, dass diese wertvollen Mittel an die »unnützen« Kranken gehen. Bei den ganz hoffnungslos scheinenden Fällen wird sogenannte Sterbekost angewendet – sie bekommen nur noch Suppe aus Gemüse, kein Fett und kein Brot. Davon verhungert auf Dauer jeder.

Lina hat sich total in sich zurückgezogen. Wenn sie überhaupt einmal spricht, dann nur von ihren Träumen und Fantasien. »Tante Berta hat mich heute abgeholt, wir sind über eine Blumenwiese gelaufen und ich habe einen großen Strauß gepflückt. Den haben wir dann meiner Mutter gebracht, weil die doch im Krankenhaus liegt«, erzählt sie eines Morgens.

Else schüttelt nur traurig den Kopf, mit Lina ist nichts mehr anzufangen. Immer erzählt sie nur solche Geschichten und redet von Leuten, die gar nicht da sind. Dass sie kaum noch etwas essen mag, kommt Else aber nicht ungelegen. Schnell verschlingt sie Linas Portionen mit.

Der März neigt sich dem Ende zu. Eines Morgens scheint die Sonne besonders warm und die Schwestern ermutigen einige der Kranken zu einem Spaziergang. Eine nette junge Krankenschwester versucht, Lina zum Aufstehen zu bewegen.

»Nein, ich kann nicht«, sagt Lina, »denn ich muss auf das Brüderchen warten, heute Nacht war es hier und hat gesagt, ich soll doch endlich mitgehen, dann wird alles wieder schön.«

Die Schwester legt Lina die Hand auf die Stirn und sagt sanft: »Du scheinst ein bisschen fiebrig zu sein, ruh dich nur aus.« Traurig schaut sie beim Rausgehen auf das junge Mädchen, das zusammengekauert auf der Matratze liegt – gestern erst hat sie die Transportliste gesehen. Lina steht auch darauf.

In dem Beschluss des Kreiswohlfahrtsamtes vom Juni 1940 steht, dass bis zum 31. März 1941 für Lina bezahlt wird. Sollte das wirklich ein Zufall sein?

31. März 1941

Am frühen Morgen warten die Busse vor dem Hauptgebäude in Weinsberg. Es ist ein schöner sonniger Frühlingstag. Schon geht der übliche Terror los – die Menschen sollen zu den Bussen gebracht werden. Die Nummern auf ihren Armen sind wieder erneuert worden, die Kleiderbündel längst verteilt. Jeder soll noch schnell etwas trinken. »Wohin bringt ihr uns? Was geschieht mit uns?«, schreien manche. »Das werdet ihr schon sehn, da wird's euch auch gefallen«, antworten die Männer, die mit den Bussen gekommen sind, gelangweilt.

Lina bekommt davon nichts mit, sie kann fast nicht mehr laufen und die junge Schwester führt sie mit Tränen in den Augen zum Bus. Beim Einsteigen flackert noch einmal eine Regung in Lina auf: *Nicht einsteigen!* Sie meint, Horstle und Helene neben dem Bus stehen zu sehen, beide schütteln wild die Köpfe. Aber sie hat keine Kraft mehr, sich zu wehren. Schon wird auch Else, die sich zu widersetzen versucht, in den Bus geschoben und die Türen schließen sich. Wieder geht alles sehr schnell.

Der Bus fährt und fährt. Längst ist es Mittag, die Menschen haben Hunger und Durst. Das Jammern und Weinen wird lauter. Die Pfleger verpassen denjenigen, die besonders laut jammern, eine Spritze.

Lina gibt keinen Laut von sich, sie sitzt aufrecht in ihrem Sitz und schaut interessiert auf die verdunkelten Scheiben. Ein Lächeln liegt auf ihrem Gesicht, denn sie sieht eine wunderschöne Landschaft draußen vorbeiziehen. Sonnige Wiesen mit bunten Blumen, Felder, Bäume voll mit Obst und grüne Wälder. Auch einen glitzernden See und – oh, da sind auch Menschen, fröhlich lachende Menschen, die winken! Alle freuen sich und sehen glücklich aus. Was für eine schöne Welt. »Wartet«, ruft Lina ihnen im Traum zu, »ich will bei euch bleiben, wartet auf mich!« Die Menschen kommen ihr seltsam vertraut vor, obwohl sie sich nicht erinnern kann, sie schon einmal gesehen zu haben. »Du kannst noch nicht mit uns kommen, zuerst musst du durch das Tor gehen!«, rufen sie. »Welches Tor?«, will Lina noch fragen, aber da wacht sie abrupt auf.

Der Bus ist angekommen.

Hadamar

Die Türen öffnen sich, aber es ist gar nicht hell draußen. Der Bus steht in einer hölzernen Baracke. Beim Aussteigen helfen fremde Krankenschwestern. Lina muss wieder gestützt werden, kaum kann sie sich noch aufrecht halten. Durch eine Seitentüre betreten sie ein Gebäude, dort wird ihnen erklärt, dass sie sich ausziehen sollen, um dann vom Herr Doktor untersucht zu werden. Danach gehe es zur Dusche, und wenn sie das alles brav erledigt hätten, gäbe es ein feines Abendessen.

Eine Schwester hilft Lina beim Ausziehen. Weil das Mädchen so zittert, legt sie ihr einen Mantel um die Schultern. Dann steht Lina in einem Raum, dort sitzen fremde Leute und ein Mann im weißen Kittel fasst sie an – biegt ihren Kopf zur Seite, schaut ihr in den Mund. Nur ganz kurz und verwundert nimmt sie ihre Umgebung wieder wahr.

»Ist das ein Krankenhaus?« Ihr Gehirn will das alles nicht mehr verstehen müssen. »Wo ist das Tor?«, fragt sie leise.

»Komm nur mit.« Eine andere Krankenschwester führt sie wieder hinaus.

Zusammen mit vielen anderen Frauen und Mädchen wird sie eine Treppe hinuntergeschoben und betritt schließlich einen schwarz-weiß gekachelten Raum mit einem Brausekopf an der Wand. Lina und Else werden in eine Ecke gedrängt. Der Raum ist viel zu voll.

Mit einem Knall fällt die schwere Türe zu. Wasser

kommt keines aus dem Brausekopf. Die Frauen fangen an, nach Luft zu schnappen, etliche schreien panisch und in Todesangst trommeln sie gegen die Türe.

Das Atmen wird immer schwerer und sie ziehen und zerren aneinander herum. Lina lehnt an der Wand, endlich sieht sie wieder die Landschaft vor sich auftauchen. Dieses Mal ist es noch viel schöner und heller. Und da – tatsächlich, so etwas Schönes hat Lina noch nie gesehen – ein Tor aus Gold, es funkelt und leuchtet in einem unglaublichen Licht. Mitten in dem Tor steht das Brüderchen.

»Komm, Lina, jetzt bist du endlich zu Hause«, ruft es. Lina geht auf das Tor zu – sie gleitet an der kalten Wand herab und fällt auf die anderen leblosen Frauen und Mädchen. Neben ihr versucht Else, sich noch einmal aufzubäumen. Linas Kopf fällt zur Seite und auf ihrem Gesicht liegt ein Lächeln. –

Das Brüderchen hat die Ärmchen ausgebreitet und Lina läuft, so schnell sie kann, durch das Tor auf ihn zu.

Ende

Tötungsanstalt Hadamar

1883 nahm in Hadamar eine Korrigendenanstalt ihren Betrieb auf. Aus ihr ging 1906 die Landesheilanstalt hervor. Mit Beginn des Zweiten Weltkrieges nutzte die Wehrmacht das Gebäude als Reservelazarett. Ende 1940 ließ die »T4«-Zentrale Umbauten in der Landesheilanstalt durchführen, um sie als Tötungsanstalt für die »T4-Aktion« einzusetzen. Eine Gaskammer, ein Sezierraum und zwei Verbrennungsöfen wurden installiert sowie eine Busgarage erbaut.

Graue Busse holten die Patientinnen und Patienten aus den »Zwischenanstalten« (Andernach, Eichberg, Galkhausen, Herborn, Idstein, Scheuern, Weilmünster, Weinsberg und Wiesloch) ab, in denen sie zunächst für einige Wochen untergebracht waren.

Nach der Ankunft in Hadamar mussten die Patientinnen und Patienten in der verschlossenen Busgarage aussteigen und wurden in das Hauptgebäude geführt. Dort hatten sie sich zu entkleiden und dem Arzt vorzustellen. Dieser bestimmte anhand der mitgeschickten Patientenakte eine angeblich natürliche Todesursache für die später auszustellende Sterbeurkunde. Anschließend wurden die Patientinnen und Patienten von Schwestern und Pflegern in die im Keller gelegene Gaskammer geführt.

Ihre Leichen beseitigten die »Brenner« in den beiden Krematoriumsöfen. Die Angehörigen erhielten einen sogenannten »Trostbrief«, der sie über das plötzliche Ableben informierte. Der angeblich krankheitsbedingte Tod wurde als Erlösung dargestellt. Die auf Wunsch zugesandte Urne enthielt – entgegen der Ankündigung – nicht die Asche der oder des Ermordeten.

Vom 13. Januar bis zum 24. August 1941 starben über 10.000 Opfer in der Hadamarer Gaskammer.

Im Rahmen der »Zweiten Mordphase« übernahm die ehemalige Landesheilanstalt Hadamar erneut die Funktion einer Tötungsanstalt. Von August 1942 bis zum 26. März 1945 starben fast 4.500 weitere Opfer. Wer nicht schnell genug der gezielt eingesetzten Hungerkost oder der vorenthaltenen medizinischen Versorgung erlag, wurde durch überdosierte Medikamente getötet. Morgens entschieden Arzt, Oberschwester und Oberpfleger, welche Patientinnen und Patienten sterben sollten. Die Nachtschicht verabreichte dann den ausgewählten Opfern die tödlich wirkenden Medikamente. Ihre Leichen wurden auf dem eigens angelegten Anstaltsfriedhof in Massengräbern verscharrt. Die Patientinnen und Patienten waren in großen Transporten aus dem gesamten Reichsgebiet nach Hadamar gebracht worden. Darunter hatten sich u. a. auch Zwangsarbeiterinnen und Zwangsarbeiter aus der ehemaligen Sowjetunion und Polen sowie Kinder mit einem jüdischen Elternteil befunden.

Vom Personal in Hadamar waren an den Morden in den Jahren von 1941 bis 1945 aktiv beteiligt: fünf Ärzte, ein Verwaltungsleiter und weibliche sowie männliche Pflegekräfte. Sie mussten sich in zwei Nachkriegsprozessen für die von ihnen begangenen Verbrechen verantworten. Die Opfer wurden nach dem Krieg nicht als Verfolgte des NS-Regimes anerkannt und erhielten folglich keine Wiedergutmachung.

(http://www.gedenkstaette-hadamar.de,
Abrufdatum: 28.07.2012)

Nachwort

von links nach rechts: Ruth Alice Dunkelmann, Elsa Dunkelmann, geb. Bernhardt, und Brigitte Wege

Was ist damals wirklich geschehen? Wo hat man Lina hingebracht? Kann ich nach 70 Jahren noch etwas über sie herausfinden?

Diese Fragen habe ich mir am Anfang meiner Suche nach meiner unbekannten Tante gestellt. Meine Mutter und ihre vielen Geschwister sind unter schwierigen Umständen aufgewachsen. Zum Teil haben sie sich erst als Erwachsene kennengelernt.

Nur Lina blieb verschwunden.

Die Suche nach ihr war für meine Mutter, meine Schwester und für mich so, als würden wir sie endlich langsam kennen- und vor allem lieben lernen.

Ruth Alice Dunkelmann